S

JOHN MILLINGTON SYNGE
IN WICKLOW, WEST KERRY & CONNEMARA

Aus dem Englischen von Gabriele Haefs

Schöffling & Co.

Die Texte dieser Auswahlausgabe von John Millington Synges *In Wicklow, West Kerry & Connemara* sind der irischen Ausgabe (The O'Brien Press, Dublin 1980) entnommen.

Deutsche Erstausgabe

Erste Auflage 1996

Satz: Reinhard Amann, Aichstetten
Druck & Bindung: Pustet, Regensburg
ISBN 3-89561-553-6

INHALT

IN WICKLOW

DAS ELEND IN DEN HÜGELN

In den Hütten, die zwischen den Hügeln von County Wicklow verstreut liegen, sind mir viele Menschen begegnet, bei denen sich auf eigentümliche Weise der Einfluß eines bestimmten Ortes niederschlägt. Diese Menschen leben zumeist abseits alter Straßen und Wege, wo kaum je ein Fremder vorbeikommt, und das ganze Jahr haben sie nur unwegsame Heidegebiete vor Augen. Zu allen Jahreszeiten kann es wochenlang so heftig regnen, bis das Strohdach von trübem, kastanienbraunem Wasser nur so trieft und der Boden in den Hütten immer mehr den nahe gelegenen Mooren ähnelt. Dann reißt die Wolkendecke auf, und in der Nacht kommt ein schrecklicher Sturm aus Südwesten – die Lärchen, die in diesen Gegenden überlebt haben, winden und beugen sich weit in die Richtung, in der die Sonne im Juni aufgeht –, und dann jagen die Winde als geballte Wirbel tosend durch die engen Täler und brechen plötzlich und kurz das Schweigen der Anspannung. Zu solchen Zeiten hocken die Menschen die ganze Nacht lang über ein paar Torfsoden, und die Hunde heulen auf den Wegen.

Wenn die Sonne aufgeht, folgt ein fast übernatürlich strahlender Morgen, und sogar die ältesten Männer und Frauen strömen froh wie Kinder, die ein Fieber überstanden haben, an die frische Luft. Abends regnet es dann wieder. Dieses besondere Klima, das sich auf eine ohnehin schon einsame und schwindende Bevölkerung auswirkt, hat bei den Leuten den Hang zu einer nervösen Depression verursacht oder verstärkt, und jegliche Art von Traurigkeit, von der des Mannes, der einfach nur trauert, bis zu der des Mannes, der sein halbes Leben im Irrenhaus verbracht hat, kommt in diesen Hügeln häufig vor.

Vor nicht langer Zeit begegneten mir in einem trostlosen Tal im Süden der Grafschaft zwei Polizisten, die auf einem Eselskarren einen Sarg mit sich führten, und kurz darauf sprach ich einen alten Mann an und fragte, was passiert sei.

»Vor genau drei Wochen«, sagte der Alte, »war im Tal ein armer Schnitter an der Arbeit, und abends trank er mit ein paar anderen Burschen zwei Glas Whiskey. Und dann geriet er in Erregung, warf seine Kleider ab und rannte in die Hügel. In dieser Nacht hat es heftig geregnet, und ich nehme an, der arme Kerl hat sich verirrt und die ganze Nacht unter Regen und Dunkelheit gelitten. Morgens fanden sie die Spuren seiner nackten Füße eine halbe Meile oberhalb der Straße im Lehm und später noch auf dem Pfad, der an einem hohen Felsen vorbeiführt. Danach sahen und hörten wir nichts mehr von ihm, bis letzte Nacht, als sein von Krähen fast aufgefressener Leichnam auf dem Berg gefunden wurde.«

Dann erzählte er mir, wie anders die Grafschaft ausgesehen hatte, als er ein junger Mann war.

»Damals hatten wir nichts zu essen«, sagte er, »nur Milch und Grütze und Kartoffeln, und die Leute waren so gesund, wie man sich das heute kaum noch vorstellen kann. Ich weiß noch, daß man Sonntag abends an die vierzig Jungen und Mädchen sehen konnte, die Ball spielten und sich amüsierten; aber jetzt ist die ganze Gegend einsam und verloren, und niemand weiß, was mit ihr los ist.«

In diesen Gegenden gibt es nur noch so wenige Mädchen, daß uns selten eine Frau begegnet, die unverheiratet geblieben ist. Ich kenne jedoch eine, die seit fünfzehn Jahren allein in einer winzigen Hütte in der Nähe einer Straßenkreuzung lebt, wo viele Kesselflicker und einfache Landstreicher unterwegs sind. Weil sie keinerlei Angehörige hat, wandert sie oft umher, und ich bin ihr schon häufig begegnet, oft meilenweit von ihrem eigenen Tal entfernt. »Ich habe solche Angst vor den Landstreichern«, hat sie eines Abends zu mir gesagt. »Ich lebe ganz allein, und was soll ich machen, wenn einer mir zu nahe tritt? Als meine arme Mutter starb, sagte sie, ›also, Nanny, bleib nicht hier wohnen, wenn ich tot bin‹, sagte sie, ›das ist zu einsam.‹ Und ich will doch meiner Mutter nicht ungehorsam sein, schon gar nicht, wo sie jetzt tot ist – aber tot oder lebendig, ich will meiner Mutter nicht ungehorsam sein –, aber ich habe schon alles versucht, und ich komme doch nicht von hier weg.« Als ich weiterging, hörte sie in der Ferne Donner oder glaubte zumindest, ihn zu hören.

»Ach, Euer Ehren«, sagte sie, »meint Ihr, es gibt ein Gewitter? Vor nichts fürchte ich mich so wie vor dem Donner. Mein Herz ist nicht stark – das spüre ich –, und mein Kopf ist leicht, und oft, wenn ich Angst vor dem Donner habe, dann fürchte ich, ich könnte allein in meiner Hütte sterben und niemand würde davon erfahren. Aber ich hoffe, daß der Herr – gesegnet sei Sein heiliger Name – mich nicht im Stich lassen wird. Ich habe alles versucht, und ich will meiner Mutter nicht ungehorsam sein, wo sie doch tot ist. Aber jetzt, Euer Ehren, guten Abend, und kommt gut nach Hause.«

Auch sehr viel jüngere Frauen leiden an starker Nervosität. Ich erinnere mich, wie ich eines Nachts in dem Haus, in dem ich übernachtete, Weinen und Geschrei hörte. Ich ging nach unten und fand ein Mädchen, das aus einem einige Meilen entfernt liegenden Dorf geholt worden war, um den Dienstboten zu helfen. An diesem Nachmittag hatten ihre zwei jüngeren Schwestern sie besucht, und nun fürchtete sie, sie könnten auf dem Heimweg im Moor ertrunken sein, und sie weinte und heulte und sagte, sie müsse sie suchen gehen. Die anderen hielten es nicht für richtig, daß sie so spät am Abend noch allein das Haus verließ, und deshalb ging ich mit ihr. Während wir einen steilen, mit Heidekraut bewachsenen Hang hinuntergingen, wo die Ziegenmelker im Mondlicht mit den Flügeln schlugen, erzählte sie mir die lange Geschichte ihrer Ängste, bis wir am Rande des Moors eine einsame Hütte erreichten, in deren Fenster noch Licht brannte. Ich klopfte an die Tür und fragte, ob man dort etwas gesehen oder gehört habe. Als sie begriffen hatten, wonach wir suchten, erschienen drei Generationen halbbekleideter Menschen auf der Türschwelle und verspotteten uns.

»Ach, Maggie«, sagte die alte Frau. »Du bist mir vielleicht eine! Gehst gerne im Mondschein spazieren, was? Hör auf, von diesen großen Kindern zu reden, und sieh dir Martin Edward hier an, der ist noch keine sechs und kann in einer Stunde fünfmal durchs Moor laufen, ohne sich die Füße naßzumachen.«

Meine Begleiterin war noch immer nicht überzeugt, und deshalb gingen wir weiter. Die Binsen funkelten im

Mondschein, und über dem Fluß lagen Nebelschwaden. Wir schauten in ein Moorloch, und dann in noch eins und erschraken, als eine Schnepfe hochflog. Im Schatten eines Busches hörten wir eine Kuh laut widerkäuen, zwei Hunde bellten am Hang, und in der Ferne rumpelte ein Karren über die Straße. Wir froren in der kalten Moorluft und der Einsamkeit der Nacht, daß unsere Zähne klapperten. Ich spürte, daß der Anblick des Moors meiner Begleiterin die Absurdität ihrer Ängste bewußt machte, und bald darauf gingen wir wieder nach Hause.

Die älteren Leute im County Wicklow, und überhaupt überall in Irland, zeigen noch immer eine seltsame Zuneigung zur Gutsbesitzerklasse, wenn sie ein oder zwei Generationen lang auf deren Boden gelebt haben. Ich erinnere mich an eine alte Frau, die mir mit tränenüberströmtem Gesicht erzählte, um wieviel einsamer die Gegend seit dem Weggang der »Standespersonen« geworden war, und die mir ausgiebig schilderte, daß sie zugesehen hatte, wie der Gutsbesitzer sein Haus abschloß und seinen Besitz verließ und wie er dann später gestorben ist, weil der »Kummer« ihm das Herz gebrochen hatte. Die jüngeren Leute sehen das ganz anders, denn als ich nicht lange danach am Haus des Gutsbesitzers vorbeikam, hatte jemand mit Bleistift folgende Zeilen an den Türrahmen geschrieben:

Zur Zeit des Pachtwuchers
und der Landgrabschereien
wohnte hier ein stolzer Junker,
und der war ein arges Schwein.

Als die League zur Hilfe kam,
und die Landgrabscher vertrieb,
floh er in den kalten Norden,
wo er seither dann auch blieb.

Ein Jahr später war der Türrahmen zerfallen, und damit war auch die Inschrift verschwunden.

AUF DER LANDSTRASSE

Eines Abends, nach heftigem Regen, wollte ich in ein Dorf auf der anderen Seite der Hügel, weshalb ich einen Teil des Weges durch eine steilansteigende Heidelandschaft zurücklegen mußte. Die Täler, die ich dabei durchquerte, waren von dem seltsamen Glanz erfüllt, der in Irland auf Regenwetter folgt, während sich auf den Berggipfeln weiße, gleichmäßige Nebelbänke auftürmten. Ein- oder zweimal kam ich an einer einsamen Hütte vorbei, aus deren Schornstein erdiger Torfgeruch aufstieg, wo Unkraut oder Hafer auf dem Strohdach wuchs und vor der Tür ein zerbrochener Karren lag, auf dessen Griffen und Deichsel sich die Hühner zum Schlafen niederließen. In der Nähe der Hütten rannten Gruppen halbnackter Kindern umher, die voller Aufregung über diesen Abend quer über das Moor johlten, auf dem schon das lila Heidekraut wuchs. All das erfüllte mich mit einem angespannten Gefühl von Trauer, das uns so oft an solchen Orten überkommt, wenn Regen in der Luft hängt.

Als ich dann später einen langen Hang hinaufstieg, erhob sich am Straßenrand ein alter Mann mit weißem, spitzem Gesicht und üppigem Bart. Zuerst sprachen wir über das regnerische Wetter, dann erzählte er mit klagender Stimme von den Hungersnöten und sonstigen Katastrophen, die Irland heimgesucht hatten.

»Drei grausame Plagen gab es«, sagte er, «seit ich im Westen des Landes auf die Welt gekommen bin. Zuerst kam der große Sturm von 1839, der Gras und alles Grüne aus dem Boden riß. Dann kam die Kartoffelfäule, die am 9. Juni des Jahres 1846 einsetzte. Bis dahin waren die Kartoffeln makellos und gut gewesen, aber an diesem Morgen stieg vom Meer Nebel auf, und alles war so still, daß man eine Stimme noch fast eine Meile weiter hören konnte. Am nächsten Tag war es genauso, und auch am Tag darauf und noch einmal drei Tage lang; und plötzlich konntest du zusehen, wie das Kraut der Kartoffeln langsam abstarb und schließlich wie tot am Boden lag. Damit begann die große Katastrophe und Hungersnot, die Irland zerstört hat. Und die Leute machten einfach weiter, in ihrer Schlechtigkeit und ihrer Feindschaft untereinander, und der Allmächtige Gott schickte die dritte Plage, und das war die Krankheit, die ›Choler‹ genannt wird. Damals verließen alle Menschen die Stadt Sligo – ich bin in Sligo aufgewachsen –, und man konnte gegen Mittag durch die Stadt gehen, ohne einen einzigen Menschen zu sehen, und man konnte an einer Tür nach der anderen anklopfen, ohne je eine Antwort zu hören. Die Menschen flohen in ihrem Entsetzen nach Norden, Süden und Osten; und die Leute dort hoben quer durch die Straßen

Gräben aus und trieben die Fliehenden, wo sie nur konnten, zurück, weil sie sich schrecklich vor der Krankheit fürchteten.

Damals schrieb das Gesetz vor, daß man die Obrigkeit verständigen mußte, sobald irgendwo in der Stadt Sligo jemand krank wurde, sonst konnte man ins Gefängnis kommen. Nun, die Frau eines Mannes wurde krank, und er verständigte die Obrigkeit. Dann kamen lauter Männer und brachten sie ins Spital, und der Mann hörte nichts mehr von ihr, bis es hieß, sie sei tot und solle am nächsten Morgen beerdigt werden. Damals hatten alle solche Angst und Furcht und Eile, daß sie auch Kranke begruben, bei denen sie keine Hoffnung mehr hatten. Der Mann machte sich also Sorgen, und deshalb schlich er sich im Schutze der Dunkelheit in die Leichenhalle, wo seine Frau hingebracht worden war. Dort lagen über vierzig Leichen, und er betastete eine nach der anderen. Seine Frau hat ihn wohl kommen hören – denn sie war überhaupt nicht tot, und – ›ist das Michael?‹ fragt sie. ›Ich bin's‹, sagt er, ›und o arme Frau, hast du noch immer nicht dein Leben ausgehaucht?‹ – ›Habe ich nicht, Michael‹, sagt sie, ›und doch haben sie mich mit fünfzig Toten hergebracht und wollen mich bei Tagesanbruch ins Grab legen.‹ – ›O du Arme‹, sagte er, ›hast du noch genug Kraft, um dich an meinem Rücken festzuhalten?‹ – ›Ja, Micky‹, sagt sie, ›die habe ich sicher.‹ Er nahm sie huckepack und trug sie über Feldwege und Schleichpfade zu ihrem Haus. Er sagte niemandem ein Wort, und nach drei Tagen ging es ihr schon besser, und nach einem Monat konnte sie wieder umherlaufen, so wie Sie oder ich. Und viele Menschen hatten Angst davor, mit ihr zu sprechen, weil sie dachten, sie sei aus dem Grabe auferstanden.«

Kurz darauf erreichten wir ein kleines Dorf, und der Mann bog in einen Seitenweg ab. Bald jedoch blieb ein anderer alter Mann, den ich einige Schritte vor mir sah, stehen und wartete auf mich, wie es dort Sitte ist.

»Ich war in Kilpedder, um einen Wetzstein zu kaufen«, sagte er, als ich ihn erreicht hatte. »Kilpedder ist wirklich ein teurer Ort, denn sie haben dafür drei Pence verlangt; aber es muß wohl jeder Beruf seinen Gewinn abwerfen, und wir müssen alle leben und leben lassen.«

Als wir uns ein Weilchen unterhalten hatten, fragte ich ihn, ob er oft in Dublin gewesen sei.

»Ich habe fast zehn Jahre in Dublin gewohnt«, sagte er. »Und ich weiß wirklich nicht, wie ich das so lange überlebt habe, denn in keinem Ort riecht es so wie in Dublin. Ich bin einmal mit meiner Frau in die Gassen gegangen, wo alte Kleider verkauft werden, Hanover Lane und Plunket's Lane, und als meine Frau – sie lebt nicht mehr, Gott möge ihr vergeben – die verdreckte Luft roch, hielt sie sich die Schürze vor die Nase und sagte, ›um Gottes willen, bring mich von hier fort.‹ Und jetzt darf ich wohl fragen, ob Sie selber von dort kommen, denn ich kann Ihrer Aussprache anhören, daß Sie nicht hier in der Gegend aufgewachsen sind.«

Ich erzählte ihm, ich sei in Dublin geboren, wäre aber viel auf Reisen gewesen, in Paris und Rom, wo ich auch Papst Leo XIII. gesehen hätte.

»Und sagen Sie«, fragte er, »stimmt es, daß wirklich jeder den Papst sehen kann?«

Ich beschrieb die Feierlichkeiten im Vatikan und wie ich gesehen hatte, wie der Papst auf einer Art Thron durch die großen Hallen getragen wurde. »Nun denn«, sagte der Mann, »und können Sie mir auch sagen, wer als erster Papst auf diesem Thron gesessen hat?«

Ich zögerte kurz, und dann sagte er: »Ich bin nur ein armer, ungebildeter Mann, aber ich kann es Ihnen sagen, wenn Sie das nach all Ihren Reisen nicht selber wissen. Sankt Peter war der erste Papst, und er wurde mit dem Kopf nach unten gekreuzigt, und seit damals sitzen Päpste auf dem Thron von Rom.«

Dann erzählte er mir von sich.

»Ich war zweimal verheiratet«, sagte er. »Meine erste Frau ist bei der Geburt unseres zweiten Kindes gestorben, und das habe ich dann großgezogen, bis es so groß war wie ich selber – es war ein Mädchen –, und dann hat sie geheiratet und mich verlassen. Danach habe ich eine ältere Frau geheiratet, und sie hat zehn Jahre mit mir gelebt, dann ist auch sie gestorben. Und jetzt kann ich nichts machen außer Tee, und der Tee bringt mich um, und ich lebe allein in einer kleinen Hütte, drüben, wo vier Baronien, vier Kirchspiele und vier Gemeinden aneinandergrenzen.«

Inzwischen waren wir beim Dorfgasthaus angekommen, wo ich die Nacht verbringen wollte, deshalb lud ich ihn zu einem Glas ein, und danach ging er über einen schmalen Weg durch die Moore zurück zu seiner Hütte.

DIE MENSCHEN IN DEN TÄLERN

Hier und dort gibt es im County Wicklow wenig bekannte Ortschaften – Orte mit seltsam wohlklingenden Namen wie Aughavanna, Glenmalure, Annamoe oder Loch Nahanagan –, wo die Leute sich eine besondere Schlichtheit bewahrt haben und eine Sprache sprechen, die in mancher Hinsicht elisabethanischer ist als das Englisch von Connacht, obwohl dort viel länger Irisch gesprochen wurde. Die Frauen in diesen Tälern tragen oft noch altmodische Spitzenhauben, und die Männer kleiden sich zu Jahrmärkten oder zur Messe in seltsam geschnittene Schwalbenschwänze, Zylinder und Kniehosen mit Schnallen. Wenn ihnen ein Wanderer begegnet, dann bleiben die alten Leute gern stehen, um sich stundenlang mit ihm zu unterhalten, ihm Geschichten vom Aufstand oder von den gefallenen Engeln zu erzählen, die in den Hügeln umgehen, oder um auf die drei Schattenreiche anzuspielen, die in Wicklow niemals in Vergessenheit geraten – Amerika (ihr El Dorado), das Armenhaus und die Irrenanstalt.

»Ich hatte sehr viele Kinder«, erzählte mir einst ein alter Mann, der in Glenmalure geboren worden war. »Ich hatte sehr viele Kinder, und sie sind alle nach Kalifornien gegangen, mit dem, was ich ihnen mitgeben konnte, und haben sich ein Stück Land gekauft. Und als sie den Pflug ansetzten, blieb die Erde daran kleben. Sie untersuchten den Boden und fanden pures Gold. Jetzt sind sie reich, und ihre Töchter reiten auf schönen Pferden mit neuen Sätteln und eleganten Kandaren, aber mir haben sie nie auch nur ein halbes Pfund geschickt, der Teufel möge mit ihnen zur Hölle reiten.«

Nicht viel später begegnete mir an einem Hang, der einen schönen Blick auf Loch Dan bot, ein außergewöhnlich gutgelaunter und aufgeregter älterer Mann.

»Ich bin vor zwei Tagen in Liverpool angekommen«, sagte er, als ich ihn grüßte, »und heute morgen bin ich in Dublin eingetroffen und habe den Zug nach Bray genommen, wo man auf der Linken das blaue Salzwasser sieht und auf der Rechten schöne Täler voller Bäume. Von dort aus bin ich mit einem zweirädrigen Karren zu Brüdern und Vettern gefahren, die dort unten leben. Das sind arme Leute, lieber Mister, mit winzigen Hütten mit Lehmböden, aber sie sind so glücklich wie im Himmel, und was kann man sich mehr wünschen? In Amerika, Australien und auf dem Atlantik gibt es alle Arten von Menschen, gute Menschen und böse Menschen und Mörder und Einbrecher und Taschendiebe, hier aber sind alle Leute so gut und anständig wie Sie und ich.«

Er gehörte zu jenen, die man manchmal antrifft, die zu Zeiten ausgewandert sind, als die Leute noch schlichter waren als heute, und die dann nach einem Leben in den Staaten zurückkehren, so irisch wie irgendeiner, der sich nie weiter als zwanzig Meilen von Wicklow entfernt hat. Wir unterhielten uns noch eine Weile, und ich ließ mir von seinem Leben im Ausland erzählen.

»Ich habe Gefahren durchgemacht, die ganze Nationen ausgerottet hätten«, sagte er. »Und die Leute hier meinen, ich müßte stinken vor Gold, aber ihnen ist es besser ergangen. Ich war fünf Jahre als Schmied auf einem Schiff, ohne auch nur einmal Land zu sehen, und mußte alle Gefahren und Übel des Atlantik ertragen. Danach war ich Tierarzt und habe Bruch, Spreizfuß, Spat, Hufgeschwüre, die Rotzkrankheit und alle möglichen Leiden von Pferd und Esel kuriert. Die Burschen hier glauben, man brauche nur übers Meer zu fahren und sich die Taschen voll Gold zu stopfen, aber ich sage Ihnen, es ist harte Arbeit, und in diesen Ländern sind die Arbeitshäuser voll, und die Gefängnisse sind voll, und die Irrenhäuser sind voll, genau wie in Dublin. Drüben gibt es schöne Häuser, und man braucht nur die Hand aus dem Fenster nach Rosen und Wein und der roten Weintraube auszustrecken, es gibt alle möglichen Sorten, während die Menschen in diesem Land zwischen ihren Bäumen und Tälern und mit ihren Lehmböden besser dran sind.«

In Wicklow, wie auch sonst in Irland, erregt das Arbeitshaus, obwohl es Landstreichern und Kesselflickern eine Zuflucht bietet, das absolute Entsetzen der Bauern. Das Irrenhaus, das sie besser kennen, fürchten sie weniger.

Einmal mußte ich spätabends aus einem Bergdorf in die Stadt Wicklow gehen und dann in die Berge zurückkehren. Als ich mich Rathnew näherte, stieß ich auf viele Gruppen von Männern und Mädchen, die auf ziemlich freche Art auf offener Straße miteinander flirteten, und als ich vorüberkam, drängten sich die Frauen zusammen und starrten mich an. Die dichtstehenden Bäume bei Rathnew lassen den Weg sehr dunkel werden, und reitet man schnell, ist der Kontrast wirklich abrupt und verblüffend, wenn man die Lichter von Wicklow erreicht.

Die Stadt selber ist nach Einbruch der Dunkelheit düster und schmuddelig. Angetrunkene Männer und Frauen lungern herum und streiten sich im trüben Licht der Fenster, das gerade stark genug ist, um das Elend der hin- und herhuschenden Gestalten zu zeigen. Ich brachte meine Geschäfte rasch hinter mich und kehrte wieder in die Hügel zurück, wobei ich während der ersten Meilen auf der Straße wieder die lärmenden Gruppen und Paare passierte. Nach einer Weile hielt ich an einer einsamen Schenke, um etwas zu trinken und mich einen Moment auszuruhen, ehe ich die Hügel erreichte. In einer Ecke des Schankraums unterhielten sich müde sechs oder sieben Männer. Eine Frau, die ich kannte und die in Wicklow auf dem Markt gewesen war, saß nahe der Tür. Als ich mein Bier bekommen hatte, setzte ich mich auf ein Faß in ihrer Nähe, und wir unterhielten uns.

»Ach, Euer Ehren«, sagte sie. »Ich höre, Ihr werdet bald nach Dublin gehen, oder nach Frankreich, und vielleicht sind wir alle nicht mehr hier, wenn Ihr zurückkommt. Mein kleines Stück Land hat keine Zäune, ich werde mich noch zu Tode rennen. Die Kälber laufen weg, und die Gänse laufen weg, und die Hühner laufen weg, und ich laufe mich zu Tode. Wir haben keinen Mann mehr im Haus, seit er im Winter gestorben ist, und vorher war er fünf Jahre krank, und niemand hilft uns beim Heuen, oder wenn wir das bißchen Hafer oben auf dem Hügel ernten. Mein Bruder Michael ist in sein Haus zurückgekehrt, nachdem er sieben Jahre in Richmond in der Anstalt verbracht hat, aber von dem kann ich nichts verlangen, wo er doch selber eine Familie hat. Und es ist wirklich ein

Wunder, daß er wieder hier ist, wo er es in der Anstalt doch so gut hatte ...«

Sie bemerkte mein Erstaunen und fuhr fort:

»Ich hatte einen Sohn, einen der feinsten Burschen in der ganzen Grafschaft – obwohl seine eigene Mutter das sagt und man es mir wirklich nicht ansehen kann. Also jedenfalls war er Wärter in einer Art privater Anstalt, ich glaube, so heißt das, und als Michael krank wurde, ist er zu ihm gegangen, er kannte die anderen Wärter ja nicht –, aber sie haben versprochen, sich um ihn zu kümmern. Er war immer ein ruhiger Mann, der keinen Ärger machte. Nach den ersten drei Jahren konnte er frei herumlaufen, ganz wie ein Gentleman, und konnte leichte Arbeiten verrichten, wenn er Lust dazu hatte. Dann hat mein Sohn ihn noch einmal besucht, und ›Michael wirst du nie wieder sehen‹, sagte er, als er zurückkam, ›der hat es in der Anstalt viel zu gut.‹ Und das war auch so, aber jetzt ist er wieder zu Hause.« Dann stand sie auf und brachte einige Lebensmittel, die sie hier gekauft hatte, zu dem draußen wartenden Eselskarren.

»Es wird mir wirklich leid tun, wenn Ihr uns verlaßt«, sagte sie, als sie aufbrechen wollte. »Ich spreche nicht oft mit Euch, aber es ist doch schön, Euch in den Hügeln zu begegnen, möge der Allmächtige Gott Euch schützen und heil nach Hause bringen.«

Bald darauf stieg ich den langen Hang hinauf, der zur Hochebene zwischen Laragh und dem Sugar Loaf führt. Es war ungeheuer einsam. Kurz vor dem Hügelkamm kam ich an einer engen Schlucht vorbei, über der auf der einen Seite hohe, mit Fichten bewachsene Felsen aufragten, und darüber sah ich eine Handvoll gezackten Himmels mit ungewöhnlich leuchtenden Sternen. Gleich darauf erreichte ich den Rand des Hügels hinter dem Devil's Glen und roch den Duft der Moore, dann ging es wieder aufwärts. Ich hatte nicht genug Licht, um die Berge um mich herum zu sehen, und die Erde schien zu einer einfachen Plattform geschrumpft zu sein, von der aus ein Astrologe seine Beobachtungen anstellen konnte. Angesichts meiner Gemütsbewegungen in dieser Nacht begriff ich, warum in Wicklow so oft vom Irrenhaus die Rede ist.

Viele der alten Leute im Land beklagen sich kaum – außer es drückt sie ein besonderes Leid, im Gegenteil, oft stecken sie voller seltsamer Launen und Einfälle. Eine alte Frau, die in der Nähe von Glen Macanass lebte, erzählte mir, sie habe für ihre Söhne keine Möglichkeit gesehen, an ihrem Geburtsort ihren Lebensunterhalt zu verdienen, und deshalb habe sie einen Lehrer angestellt, der abends durch das Moor kam und den Jungen, zusätzlich zu ihrem regulären Schulunterricht, Rechnen und Schreiben beibrachte. Eines Abends schlich sie sich dabei an sie heran und hörte zu.

»Und was meinen Sie, was mein Sohn gerade gemacht hatte?« fragte sie. »Er hatte ausgerechnet, wie oft sich ein Karrenrad zwischen der Brücke hier im Dorf und dem Postamt in Dublin dreht. Können Sie sich das vorstellen? Ich ging wortlos wieder hinaus und holte den alten Strumpf, in dem ich ein bißchen Geld aufbewahrte, und nahm das Geld heraus, das ich dem Lehrer schuldig war. Dann ging ich wieder hinein, und ›Meister‹, sage ich,

›Mick hat jetzt gelernt, was jemand wie er wissen muß. Sie können jetzt gehen, und ich wünsche Ihnen sichere Heimkehr.‹ Und, Gott segne Sie, Avourneen, Mick hat danach eine schöne Stelle bei der Eisenbahn bekommen.«

Ein andermal, als sie mir schmeicheln wollte, sagte sie: »Gott segne Sie, Avourneen, Sie sind überhaupt nicht eingebildet. Habe ich nicht gestern gehört, wie Sie unten auf dem Feld mit dem Schwein gesprochen haben, als wärs Ihr eigener Bruder? Und es ist ja auch ein schönes, sauberes Schwein, dieses Geschöpf.« Ein oder zwei Jahre später begegnete ich dieser alten Frau noch einmal. Ihr Mann war einige Monate zuvor an der »Influenz« gestorben, und sie litt schrecklich darunter, sie weinte und jammerte, während sie mit mir sprach. »Der arme alte Mann ist mir gestorben«, sagte sie, »und ich war so gern mit ihm zusammen. Ich habe jetzt nur noch einen Sohn, und wir arbeiten uns zu Tode. Ach, Avourneen, die Armen brauchen sehr viel List, um überhaupt in ihren kleinen Hütten bleiben zu können. Und haben Sie je einen Ort gesehen wie den, in dem wir leben? Ist das nicht das ärmste, einsamste, wildeste, ödeste Stück Hügel, an dem je ein Mensch sein Leben verbracht hat?« Als sie für einen Moment verstummte und ihr Tränen übers Gesicht strömten, erzählte ich ihr ein wenig von der Armut, die ich in Paris gesehen hatte.

»Der Allmächtige Gott möge mir vergeben, Avourneen«, sagte sie darauf, »davon wissen wir wirklich nichts. Wir haben ein wenig Torf und ein wenig Holz und ein wenig zu essen, und wir haben unsere Gesundheit. Ehre sei Seinem Heiligen Namen, kein Kind war auch nur einen Tag krank, nur ein Junge ist vom Karren gefallen und hat sich verletzt, und er hat sich niemals richtig davon erholt. Aber wir haben keinen Grund, uns zu beklagen.«

Sie starb im folgenden Winter, und ihr Sohn ging nach New York.

Die alten Leute, die sich noch an den Aufstand erinnern können und sich auch wirklich dafür interessieren, werden jeden Tag weniger, doch in den abgelegeneren Gegenden können wir ihnen immer noch hier und da begegnen.

Eines Abends zu Beginn der Erntezeit war ich unterwegs zu einem verstreut liegenden Dorf hoch in den Bergen, in der südlichen Hälfte der Grafschaft. Unterwegs traf ich auf einen alten Mann mit einer leeren Gallonenkanne. Ich schloß mich ihm an, und nach ein paar Worten musterte er mich neugierig.

»Verzeihung, Sir«, sagte er, »ich glaube, Sie sind kein Ire.« Ich sagte ihm, das sei ein Irrtum,.

»Na ja«, sagte er darauf, »Sie sprechen anders als wir, und deshalb dachte ich, Sie kämen vielleicht aus einem anderen Land.«

»Ich bin vor zwei Monaten aus Frankreich zurückgekehrt«, sagte ich, »und vielleicht liegt mir noch etwas von dieser Sprache auf der Zunge.« Der Mann blieb stehen und strahlte vor Zufriedenheit.

»Ach«, sagte er. »So ist das also. Ich wußte doch, daß etwas an Ihnen anders ist. Ich spreche mit allen, die durch dieses Tal kommen, und ich erzähle ihnen Geschichten vom Aufstand und alte Geschichten von Irland, und nur wenige können mich unsicher machen, obwohl ich doch nur ein armer, ungebildeter Mann bin.« Er erzählte mir einige seiner Abenteuer, dann blieb er wieder stehen.

»Sehen Sie mich an«, sagte er, »und raten Sie, wie alt ich wohl bin.«

»So an die siebzig«, antwortete ich.

»Ach«, sagte er mit jämmerlich wehleidiger Stimme. »Halten Sie mich denn wirklich für so alt? Das hat vor Ihnen noch keiner gemacht.«

»Vielleicht sind Sie noch nicht weit über sechzig«, sagte ich voller Angst, ihn beleidigt zu haben. »Vielleicht sind Sie vierundsechzig!«

»Was glauben Sie denn«, sagte er. »Ich bin zweiundachtzig Jahre, drei Monate und fünf Tage alt. Würden Sie das glauben? Ich wurde vor zweiundachtzig Jahren am 4. Juni getauft, das ist wirklich die reine Wahrheit.«

»Das ist ein wahres Wunder«, sagte ich. »Die Vorstellung, daß Sie schon so alt sind, wo Sie doch so stark sind wie ich.«

»Ich bin überhaupt nicht stark«, meinte er, nun verzagter, »nicht so stark, wie ich war. Wenn ich zwei Glas Whiskey getrunken hatte, dann konnte ich eine Hornpipe tanzen, daß Ihnen die Augen übergegangen wären, aber heute könnten Sie mich mit einer Binsenstange umstoßen. Ich höre immer so einen Lärm in meinem Kopf, ich könnte jetzt nicht einmal mehr den Fluß neben mir hören, und deshalb kann ich nachts nicht schlafen. Das raubt mir die Kraft. Ich liege dann in der Dunkelheit und denke an alles, was in fünfdutzend Jahren den Familien von Wicklow widerfahren ist – was dieser Sohn gemacht hat, was jener, wie viele übers Meer gegangen sind, und ich wünschte, die schwarze Hölle packte all jene, die in der ganzen Zeit keine drei Worte geschrieben haben, um mitzuteilen, ob sie noch leben und gesund sind. Das ist jetzt mein Beruf – an die ganzen Leute und an die vergangenen Zeiten zu denken. Und, um Vergebung, dürfte ich nach Ihrem Namen fragen?«

Den nannte ich ihm.

»Im County Wicklow gibt es zwei Zweige der Synges«, sagte er, und dann erzählte er mir allerhand bruchstückhafte Überlieferungen über meine Vorfahren. Wie eine Dame durch Roundwood ritt, »auf einem seltsamen Getier«, um einen Onkel in Roundwood Park zu besuchen, und wie sie einen von den Synges heiratete und als Mitgift ihr Gewicht in Gold erhielt – über acht *Stone* in Gold; Anekdoten, die sich auf Ereignisse bezogen, die sich vor über hundert Jahren zugetragen hatten.

Als er damit fertig war, erzählte ich ihm, wie sehr mich seine großen Kenntnisse über die Grafschaft erstaunten.

»Es gibt keine Familie, die ich nicht kenne«, sagte er, »von Baltinglass bis zum Meer, und was sie getan und wen sie geheiratet haben. Sie kennen mich noch nicht, aber wenn Sie eine Weile hierblieben und sich mit mir unterhielten, dann würde meine Gesellschaft Ihnen mehr Freude und mehr Ertrag einbringen als vielleicht die eines Gentlemans, mit dem Sie zusammen reiten oder in einem Wagen fahren.«

Inzwischen hatten wir eine Schenke am Straßenrand erreicht, die er offenbar mit seiner Kanne angesteuert hatte, und da ich mich noch nicht so schnell von ihm trennen wollte, bat ich ihn, mit mir zusammen einen zu trinken. Als wir den wunderbar sauberen, kleinen Schankraum betraten, fragte ich ihn nach seinen Wünschen. Er wandte sich an den Wirt:

»Haben Sie gerade irgendeinen guten Whiskey im Haus?« fragte er.

»Jetzt nicht, und auch sonst niemals«, antwortete der Wirt. »Wir haben nur schlechten, aber spielt das für euresgleichen eine Rolle, ihr würdet den Unterschied ja doch nicht merken.«

Nach vielem Hin und Her bekam er ein Glas Whiskey, nahm vor dem Probieren den Hut ab, sprach ein Gebet für meine Zukunft und setzte sich dann mit seinem Glas auf eine Bank in der Ecke.

Dann wurde ich bedient, und wir sprachen über Pferde und Rennen, da ein oder zwei Tage zuvor in Arklow Rennen stattgefunden hatten. Ich erwähnte einige Rennen, die ich in Frankreich besucht hatte, und sofort erzählte die Frau des Wirtes, eine junge Frau, die gerade hereingekommen war, von ihrem Besuch beim Grand Prix vor einigen Jahren.

»Sie waren also in Frankreich?« fragte ich sie.

»Ich habe dort elf Jahre verbracht«, antwortete sie.

»Alors, vous parlez français, Madame?«

»Mais oui, Monsieur«, erwiderte sie mit akzentfreier Aussprache.

Wir unterhielten uns ein Weilchen auf französisch, dann ließ sich der Mann seine Kanne mit Porter füllen – dem Abendtrunk für eine Gruppe von Schnittern, die am

Hügel arbeiteten –, kaufte sich für einen Penny Zuckerzeug und ging dann die Straße zurück, die er gekommen war.

»Das ist der größte alte Schurke im Dorf«, sagte der Wirt, sowie der Alte außer Hörweite war. »Er macht sich an alle heran, die hier vorbeikommen, und versucht, soviel wie möglich aus ihnen herauszuholen. Vor kurzem sagten mir Gäste, ich solle ihm eine Flasche von dem und dem Porter geben, um die er gebeten hatte. Ich gab ihm die Reste aus einem alten Faß, das schon leer war, und der Alte leckte sich die Lippen und behauptete, so etwas Gutes noch nie getrunken zu haben, und dabei hatte er kaum einen Tropfen geschluckt. Bei Gott, am Ende mußte ich lachen, weil er so groß daherredete.«

Bald darauf wünschte ich ihnen eine gute Nacht und machte mich wieder auf den Weg, da ich noch zwei Berge überqueren mußte.

DER GARTEN EINES GUTSBESITZERS IM COUNTY WICKLOW

Einen Steinwurf entfernt von dem alten Haus im County Wicklow, in dem ich mehrere Sommer verbrachte, lag ein Garten, der fünfzehn oder zwanzig Jahre lang sich selber überlassen war. Gleich hinter dem Eingangstor führten zwei Wege zwischen den von Blättern halb erstickten Erdbeerbeeten hindurch, wo sich doch noch einige kleine, weiße Erdbeeren versteckten. Ein

Stück weiter waren bis zu zweitausend Quadratmeter mit hohen Himbeersträuchern und eineinhalb Meter hohen Disteln bedeckt, die miteinander zu einer dichten Masse verflochten waren, in der jedoch weiterhin genug Himbeeren reiften, um einen ganzen Haushalt für ein Jahr zu versorgen. Dahinter standen in einem Schierlingsmeer etwa ein halbes Dutzend mit Flechten und Moos bewachsene Apfelbäume, während an der Nordwand einige sterbende Pflaumenbäume in ihrem Spalier hingen. Entfernt davon stand ein toter Birnbaum, und auf dem Weg zurück zum Tor passierte man eine hochgewachsene Fuchsie voller leerer Nester. An einigen Stellen konnte man Überbleibsel der Einfassungen sehen, wo einst Blumenbeete angelegt worden waren, und wenn jemand, der sich damit auskannte, genau hinsah, entdeckte er Überreste von schönen und seltenen Pflanzen.

Eine fast zwei Meter hohe Mauer zog sich um diesen ganzen Garten, und darin waren drei oder vier Wege mit ausgetretenen Löchern zu entdecken, wie die Pfade, die in Kerry eine Klippe hinabführen; hier waren Knaben und Landstreicher in den Garten geklettert, um sich Äpfel oder anderes Obst, das gerade reif war, zu holen. Auf den drei Windseiten lugten schöngewachsene Linden über die Mauer, bei denen sich im Sommer Zehntausende Bienen trafen. Unterhalb der Ostwand befand sich das Dach eines Gewächshauses, dort konnte man, ob es nun trocken oder naß war, sitzen und Vögel und Schmetterlinge beobachten; viele davon waren recht selten. Die Jahreszeiten wechselten hier immer spät – der Garten lag sehr hoch –, und oft nisteten im Spätsommer in der

Nähe noch Rotfinken, ein- oder zweimal taten Zeisige es ihnen nach, und bis Anfang August keckerten ohne Ende die Buchfinken in den Linden.

In Irland kennen alle die Tragödien, die das Leben der Bauern und Fischer eint; in diesem Garten aber glaubte man auch, die Tragödie der Landbesitzerklasse und der zahllosen alten Familien zu spüren, die so schnell im Schwinden begriffen sind. Die Landbesitzer können im Moment nicht mit besonderem Mitleid rechnen und haben es auch kaum verdient; und doch kann man nicht ganz vergessen, daß sie die Nachkommen einer im achtzehnten Jahrhundert kühnen und hochkultivierten Aristokratie gewesen sind. Die zerstörten Gewächshäuser und die von Mäusen zernagten Bibliotheken, entworfen und angelegt von Männern, die zusammen mit Grattan ihre Stimme abgegeben hatten, sind im Grunde vielleicht ebenso beklagenswert wie die vier Lehmwände, die vielerorts in Wicklow die einzigen Überreste eines Bauernhauses ausmachen. Das Elend dieses Lebens ist häufig sehr ortstypisch, und wenn ein Bühnenautor sich in den irischen Landhäusern umsähe, würde er vermutlich genug Material für viele düstere Stücke finden, die das Aussterben der alten Familien und das Leben von ein oder zwei zarten Mädchen behandeln könnten, die so oft die einzigen Nachkommen von einem Dutzend schneidiger Männer aus der letzten Generation darstellen. Viele der Nachkommen dieser alten Familien sind natürlich jetzt in Dublin tätig oder sind ins Ausland gegangen, doch wo sie auch sein mögen, sie können mit ihren Ahnen nicht mithalten, und wo früher schöne Ausgaben von Molière und des *Don Quixote* auf französisch und spanisch und kostbar gebundene Werke von Juvenal, Perseus und Cicero standen, werden jetzt nur noch Longfellow, Hall Caine und Miss Corelli gelesen. Wo vor hundert Jahren feste, geräumige Häuser errichtet wurden, werden heute ärmliche, billige Häuser gebaut; und schlecht gebundene Bücher, schlechte Bilder und schlechte Dekorationsstücke werden dort geschätzt, wo einst die irischen Grundbesitzer reichverzierte Einbände, wunderschöne Miniaturen und schön verzierte Kamine vorzogen.

Kehren wir jedoch in unseren Garten zurück. In einem Jahr war die Apfelernte ungewöhnlich reich, und jeden Sonntag taten Unbekannte sich daran gütlich. Schließlich beschloß ich, zum fraglichen Zeitpunkt – um zwölf Uhr –, wenn die Knaben aus der Nachbarschaft aus der Messe zurückkehrten und annahmen, daß wir drei Meilen entfernt unsere Andacht verrichteten, mich in einen Hinterhalt zu legen. Kurz vor elf schlüpfte ich also durch das Tor, nahm ein Buch mit, verschloß hinter mir die Tür, steckte den Schlüssel in die Tasche und legte mich unter einen Busch. Als ich eine Weile gelesen und die Diebe im Grunde vergessen hatte, hörte ich ein Geräusch, blickte auf und sah einen jungen Mann in Sonntagskleidung über den Gartenweg auf mich zukommen. Er blieb stehen, als er mich entdeckte, und einen Moment lang starrten wir einander verblüfft an. Um Bewegung in die Lage zu bringen, sagte ich schließlich, es sei ein schöner Tag. »Das ist wahr, Sir«, antwortete er lächelnd, dann machte er kehrt und rannte um sein Leben. Mir ging auf, daß er ein Dieb war, und ich sprang hoch, jagte hinter ihm her und sah dabei eine Schar kleiner Knaben über die Gartenmauern steigen. Der junge Mann rannte derweil immer wieder um die Himbeersträucher herum und zwischen den Apfelbäumen hin und her. Er wußte, ich würde ihn erwischen, wenn er versuchte, über die Mauer zu klettern, aber einen anderen Fluchtweg gab es nicht, da ich das Tor abgeschlossen hatte. Die Lauferei war anstrengend, und wir wurden langsam müde. Dann blieb ich mit dem Fuß in den Dornen hängen und stürzte. Sofort rannte der junge Mann zur Mauer und fing an hochzuklettern. Aber als er gerade sein Bein über die Kante ziehen wollte, bekam ich seinen Absatz zu fassen. Einen Moment lang setzte er sich zur Wehr und trat um sich, dann konnte ich ihn durch mein Gewicht von der Mauer ziehen, wobei sich eine Ladung Mauerwerk löste. Ich packte ihn am Schlafittchen und wollte nach seinem Namen fragen, wir waren jedoch beide zu sehr außer Atem, um sprechen zu können.

Ich weiß nicht, wie lange wir einander anglotzten und keuchend um Atem rangen. Dann fing ich langsam an, ihn flüsternd zu tadeln, weil er über fremde Mauern stieg, um dort fremde Äpfel zu stehlen, wo er doch ein gut angezogener, erwachsener junger Mann war. Ich konnte sehen, welche Angst er davor hatte, daß ich ihn zur Polizei schaffen könnte, was ich jedoch nicht vorhatte, und als ich ihn endlich nach seinem Namen und seiner Adresse fragte, erfand er eine lange Geschichte; er lebe sechs Meilen entfernt, habe hier in der Gegend die Messe und dann einen Freund besuchen wollen, habe einfach schrecklichen Durst gehabt und gedacht, ein Apfel werde ihm auf seinem Heimweg guttun. Dann schwor er, nie wieder über die Mauer zu klettern, wenn ich ihn jetzt laufenließe, und Gott zu bitten, mir in meiner letzten Stunde gnädig zu sein. Ich war sicher, daß die ganze Geschichte restlos erlogen war, und ich wollte ihm nicht das Vergnügen gönnen, mich an der Nase herumgeführt zu haben. »Hier gibt es noch eine Frau«, sagte ich, »sie ist im Haus und hilft dem Dienstmädchen beim Kochen. Kommen Sie jetzt mir mir, dann werden wir schon sehen, ob Sie hier wirklich so fremd sind, wie Sie behaupten.« Er sah unbeschreiblich besorgt aus, aber ich packte ihn im Nacken und am Handgelenk, und wir steuerten aufs Tor zu. Nach ein oder zwei Schritten blieb er stehen. »Um Vergebung«, sagte er. »Meine Mütze ist mir auf der anderen Seite der Mauer vom Kopf gefallen. Darf ich sie mir eben holen?« Das war einfach zuviel für mich. »Na gut, gehen Sie«, sagte ich. »Und wenn ich Sie hier jemals wieder erwische, dann Gnade Ihnen!« Damit ließ ich ihn laufen, und wie wild jagte er über die Mauer und war verschwunden. Einige Tage darauf stellte ich, was mich wirklich nicht überraschte, fest, daß er eine halbe Meile entfernt lebte und eng mit einem kleinen Jungen verwandt war, der jeden Morgen ins Haus kam, um Besorgungen zu erledigen und die Stiefel zu putzen. Und doch dürfen wir diesen jungen Mann nicht für unehrlich halten; einen Tag später hätte ich ihm bereitwillig einen Zehnpfundschein anvertraut.

IN WEST KERRY

Am Bahnhof von Tralee – ich war unterwegs in ein Dorf, das viele Meilen hinter Dingle liegt – fand ich einen Jungen, der meine Tasche zu einem offenen Rangierbahnhof trug, wo die kleine Eisenbahnstrecke in den Westen anfängt. Eine Menge verwirrter Bauern lief mit allem möglichen Gepäck auf dem Bahnsteig herum, das sie schließlich in den Zug luden. Die Sitze zogen sich an den Waggonwänden entlang, und der Platz dazwischen füllte sich bald mit Mehlsäcken, Porterkästen, in Stroh gewickelten Stühlen und anderen Haushaltsartikeln. Ein betrunkener junger Mann stieg kurz vor dem Losfahren noch ein und sang für ein paar Münzen Lieder; er habe all sein Geld ausgegeben, erzählte er uns, und könne sich keine Fahrkarte leisten. Als der Wagen voll bepackt war, lief der Zug langsam aus dem Bahnhof aus. Neben mir saß ein alter Mann, der mir die irischen Namen der Orte, die wir passierten, erklärte und der mir Seven Pigs, eine Inselgruppe in der Bucht, zeigte, dann weiter entfernt Kerry Head und andere ferne Berge. Neben ihm drängte sich ein Dutzend kräftiger Frauen in Umschlagtüchern; und mir genau gegenüber saß eine junge Frau, die einen Trauring trug und zweifelsohne zu den besonders vornehmen Frauen von Kerry zählte. Jede ihrer Bewegungen und ihr Mienenspiel waren einfach bezaubernd. Eine der großen Frauen sprach mit ihr über einen älteren Mann, der krank gewesen war – vermutlich ihr Mann –, und über einen jungen Mann, der nach England ausgewandert war und dem die Einsamkeit das Herz brach.

»Ach, der Arme!« sagte sie. »Ich nehme an, auch er wird sich daran gewöhnen; und wäre er nicht schlimmer dran, wenn er drüben in Saint Louis oder in einer dieser amerikanischen Städte wäre?«

Diese junge Frau schien in sich die Gesundheit der Leute vom Land mit feinstem Empfindungsvermögen zu vereinen, denn wenn es im Wagen irgendeine kleine Aufregung gab oder ein Witz gemacht wurde, dann färbten ihr Gesicht und ihr Hals sich vor Vergnügen und Belustigung. Im Weiterfahren bot sich uns ein wunderbarer Anblick – zuerst im Norden Loop Head, dann, als wir den Hügelkamm erreichten, auch im Norden, wo Drung Hill, die Macgillcuddy's Reeks und andere Berge Süd Kerrys lagen. Bald darauf stiegen fast alle an einem kleinen Bahnhof aus; auch die junge Frau, die ich so bewundert hatte, suchte ihr Gepäck zusammen und hob mit Männerkraft schwere Kisten aus dem Zug. Zwei offenbar aus Amerika zurückgekehrte Mädchen stiegen ein, prächtige, kräftig aussehende Frauen mit unglücklichen Gesichtern, dann fuhr der Zug wieder an. Durch enge Täler auf unserer Linken konnten wir jetzt die Dingle Bay sehen, die im Abendlicht von außergewöhnlicher Schönheit war. Im Nachbarwaggon saßen Viehtreiber und Gelegenheitsarbeiter, und während der letzten Stunde war es zu einem wütenden Wortwechsel zwischen ihnen gekommen, der immer wieder in einen gefährlichen Streit zu münden drohte; Schläge wurden jedoch nicht ausgeteilt.

An der Endstation wartete ein blauer zweirädriger Karren auf mich, um mich in das Dorf zu bringen, das ich besuchen wollte. Ich brauchte einige Zeit, um mein Gepäck darauf festzubinden, zusammen mit dem zerlumpten Jungen, der mich fahren sollte; dann fuhren wir los, durch die üblichen Straßen eines Ortes in Kerry, mit Schenken an den Ecken, und schließlich verließen wir die Stadt über einen schmalen Kai, an dem einige Segelboote und ein kleiner Kohlendampfer lagen. In der Nähe einer großen Wassermühle, wo eine Gruppe von Mädchen herumstand und sich die schwarzen Umschlagtücher vors Gesicht zog, überquerten wir eine Brücke, dann bogen wir scharf rechts ab und hielten auf die Berge zu. Zuerst fuhren wir einige Meilen lang bergauf und kamen nur langsam vorwärts, obwohl der Junge ein- oder zweimal absprang und sich eine Handvoll Gerten suchte, um die große Stute anzutreiben. Als das Zwielicht sich zu vertiefen begann, erreichten wir den Hügelkamm und sahen durch eine Kluft Smerwick Harbour, eine wilde Bucht mit phantastischen Landspitzen, und ein großes Stück Atlantik. Wir fuhren weiter westwärts, manchmal sehr schnell, wenn der Hang nicht zu steil war, dann wieder langsam, wenn die Straße unter uns wie eine Hausmauer abzufallen schien. Als es dunkel wurde, lag die See wie ein Stück Silber rechts von uns, und die Berge links von uns wurden schwarz, während herbe Nachtgerüche aus den Mooren aufstiegen. Ein oder zweimal entdeckte ich am Straßenrand eine blaue Rauchwolke, und ich sah, daß wir dicht an den Dachgiebeln eines kleinen Dorfes vorbeifuhren, dessen Häuser so dicht aneinander standen, daß von keinem Licht zu sehen war. Es war jetzt schon recht dunkel, und der Junge fuhr vorsichtiger und landete mit dem Wagen ein- oder zweimal fast im Straßengraben, weil er riesige Löcher in der Straßenmitte, wo der Boden ins Moor abgesackt war, umgehen wollte. Schließlich erreichten wir einen weiteren Fluß und eine Schenke, dann fuhren wir einen Hügel hoch, von dem aus wir die Umrisse einer Kapelle sehen konnten, und der Junge drehte sich zu mir um und fragte: »Ist es schon zehn? Wir sind nämlich jetzt fast im Dorf.«

Am nächsten Morgen, einem Sonntag, drohte es zu regnen, aber ich wanderte nach dem Frühstück unterhalb des Croagh Martin nach Westen, in Richtung Atlantik. In einem der ersten Dörfer, durch die mein Weg mich führte, sprach ich mit einem Mann, der am Wegesrand saß und auf den Beginn der Messe wartete. Schon bald redeten wir über die irische Sprache.

»Vor einigen Jahren«, sagte er, »wollten alle Schluß damit machen; und als ich noch ein Kind war, wurde mir den ganzen Nachmittag lang ein Knebel in den Mund gesteckt, wenn ich beim Irischsprechen erwischt worden war. War das nicht grausam? Und jetzt kommen dieselben Wichtigtuer und flehen uns an, doch um Gotteswillen nur noch Irisch zu sprechen, und ich würde sie dann gern zur Hölle schicken. Vor einer Weile war ein Priester hier bei uns, der sagte, wir sollten immer bleiben, wo wir sind, und dabei nur irisch sprechen; ich glaube zwar, daß die Priester gebildete Männer und Gelehrte sind, aber sie verstehen das Leben der Armen nicht so wie andere. Hier ist der Boden sehr arm – das sehen Sie ja selber –, und die Leute haben auch sonst kaum ein Auskommen; wenn also die Familie groß ist, muß ein Sohn zu Hause bleiben und den Hof übernehmen, und die anderen gehen weg, weil ihnen nichts anderes übrigbleibt. Und wenn sie in Tralee erst einmal die Dinglebahn verlassen haben, werden sie kein Wort Irisch mehr hören und niemandem begegnen, der diese Sprache versteht; und deshalb frage ich Sie, wozu ist ein Mann denn gut, wenn er nicht englisch spricht, und zwar gut?«

Nachdem ich ihn verlassen hatte, ging ich in Richtung Dunquin und legte mich längere Zeit neben eine wunderbar wilde Straße unter dem Croagh Martin, wo ich die Blasket Inseln und die Spitze von Dunmore Head sehen konnte, Europas westlichsten Punkt. Es war ein grauer Tag, Meer und Himmel waren seltsam still, und nirgendwo sah ich ein Lebenszeichen, abgesehen vom Segel eines *currach* oder *naombóg*, wie sie diese Boote hier nennen – das von den Inseln herkam. Ab und zu kam ein Karren voller alter Leute und Kinder vorbei, die mich auf irisch grüßten; dann machte ich selber kehrt. Ich folgte einer langen Straße durch ein Moor, mit einem sanftgewellten Berg auf der einen Seite, dem Meer auf der anderen und vor mir Brandon, das von Wolken teilweise verborgen war. Überall sah ich kleine Gruppen von Leuten, die unterwegs zur Kapelle von Ballyferriter waren, die Männer in grobem Wollstoff, die Frauen in blauen Umhängen, oder, häufiger, in schwarzen, über ihre Köpfe gezogenen Umschlagtüchern. Dieser Prozessionszug am grauen Herbsttag über die olivbraunen Moore, zwischen Bergen und See, rührte mich schmerzlich an, eine Rührung, die wir überall in Irland finden – die zum Teil lokal und patriotisch ist und zum Teil zu der Verzweiflung gehört, die sich überall unter die erhabene Schönheit der Welt mischt.

Abends, als ich durch das Dorf ging, kam ich mit einem Mann ins Gespräch, der gälisch lesen konnte, sich für die alte Sprache begeisterte und dem Englischen nur Verachtung entgegenbrachte.

»Ich kann Ihnen sagen«, meinte er, »daß mein Englisch mir nicht mehr einbringt als dieser Pfeifendeckel. Hierher kommen Käufer aus Dingle und Cork und Clare, und sie sprechen gutes Irisch, und das tun überhaupt alle, denen man hier begegnet, denn hier kann niemand Geschäfte machen, der unsere Sprache nicht beherrscht.«

Ich erkundigte mich nach den jungen Männern, die nach Amerika auswandern.

»Viele gehen weg«, sagte er, »die bleiben könnten, wenn sie das wollten, denn hier kann man gut fischen, und man kann hier mehr Geld verdienen und gesünder leben und eine bessere Familie gründen als an vielen anderen Orten. Das hier ist wirklich eine gute Gegend, und jetzt werden mit Gottes Hilfe die kleinen Kinder alle lernen, irisch zu lesen und zu schreiben, und das ist gut so, denn wie soll man etwas leisten oder wenigstens ein Lied machen, wenn man nicht schreiben kann? Man braucht doch oft drei Wochen, um ein Lied zu machen, und dann fallen einem Strophen ein, die so gut sind, daß sie auf der ganzen Welt nicht übertroffen werden können, aber wenn man sie nicht aufschreiben kann, dann hat man sie am nächsten Tag vielleicht vergessen, und was soll dann aus dem Lied werden?«

Nach einer Weile gingen wir nach oben in einen großen Wirtshaussaal, wo etliche junge Männer und Mädchen Jigs und Reels tanzten. Diese jungen Leute, obwohl sie irisch sprechen wie die Bevölkerung von Connemara, gehen in Lebensart und Kleidung mit der Zeit und unterscheiden sich im Aussehen deshalb kaum von irgendeiner sonntäglichen Gesellschaft in Limerick oder Cork. Nach einem langen Four Hand-Reel tanzte mein Freund, der groben Wollstoff trug, mit großer Energie und sehr lebhaft zur Flöte eines jungen Mannes einen Jig. Dann setzte er sich zu mir in die Ecke, und wir sprachen über Schleppnetzfischerei und den Preis der Netze. Ich erzählte ihm von Aran und Connemara, und er berichtete von den französischen Trawlern, die im April und Mai die Gegend besuchen.

»Die Franzosen aus Fécamp«, sagte er, »sind Katholiken und anständige Menschen, die aus Boulogne dagegen kennen keine Religion und sind kaum besser als wilde Tiere, die dich im Wald anspringen. Eines Abends kamen einige von ihnen in den Schankraum unten, wo Sie vielleicht den Tresen mit der Metallbeschichtung gesehen haben. Sie unterhielten sich, und unter ihnen gab es wohl Meinungsverschiedenheiten, und sie wurden immer lauter, bis einer sein Messer zog und es durch die Metallschicht ins Holz stieß! Ein gefährlicher Bursche, finden Sie nicht?«

Und dann erzählte er mir von ihrem Tabak.

»Die Franzosen haben zwei Sorten Tabak; eine nennen sie Heutabak, und wenn man ihnen ein paar Eier und vielleicht neun kleine Kohlköpfe gibt, dann geben sie einem genug, um einen Hut zu füllen. Dann nehmen wir ein Pfund von unserem eigenen Tabak und vermischen beides und stecken alles in eine große Schweinsblase – so bewahren wir unseren Tabak auf –, und das reicht uns für den ganzen Winter.«

Für diesen Abend war in Dingle ein Zirkus angekündigt, der nur einen Abend spielen würde; deshalb ging ich am späten Nachmittag hin, obwohl es sehr windig war und das Wetter nichts Gutes erwarten ließ. Ich war eine Stunde zu früh in der Stadt, und so beobachtete ich eine Weile die wildaussehenden Fischer und Fischverkäuferinnen, die an den Kais herumlungerten. Dann ging ich in die Stadt und sah zu, wie der Abendzug mit bunt gekleideten jungen Frauen und angetrunkenen Gelegenheitsarbeitern und Krämern eintraf; und endlich, gegen acht, ging ich durch heftigen Regen zum Zirkusplatz, der nur knapp außerhalb der Stadt lag. Neben dem Zelt, daß mitten auf dem Platz aufgebaut war, drängte sich eine Menschenmenge vor einem der Wohnwagen zusammen, weil dort die Eintrittskarten verkauft wurden. Ich ging um das Zelt herum, weil ich hoffte, auf einfachere Weise hineingelangen zu können, und fand eine Tür in der Zeltplane, mit einem Mann davor, der: »Karten, oder Geld, hier lang!« rief. Dann ging ich durch einen langen Gang. Die Vorstellung hätte längst anfangen sollen, aber obwohl das Zelt schon fast voll war, ließen die Akrobaten sich nicht sehen; deshalb blieb ich in einer Ecke stehen und sah zu, wie das Publikum triefend aus dem Regen hereinkam, der sich in einen Wolkenbruch verwandelt hatte. Einige wenige Gasbrenner um den zentralen Zeltmast dienten zur Beleuchtung, während aus einer Öffnung über ihnen der Regen hinunterpladderte. Das Zeltdach war vom Wasser vollgesogen und tropfte, und die Gasflammen ließen es an manchen Stellen glitzern wie goldene Seide. Als eine plötzliche Bö aus den engen Tälern hinter der Stadt hereinfegte, blähte sich die gesamte Zeltplane, sie flappte und dehnte sich, bis wir jeden Moment damit rechneten, daß sie auf unseren Köpfen landen würde. Die Menschen, die in diesem vagen Licht seltsam schwarz und düster aussahen, saßen verteilt auf drei oder vier Reihen von Holzbänken im Kreis um die Manege, und noch immer drängten sich viele vorwärts und standen dicht zusammen, wo immer Platz war. Nun kam eine ziemlich wilde Schar von Leuten so schnell hereingeströmt, daß Gefahr bestand, das Zelt könne dabei verwüstet werden. Diese Nachricht verbreitete sich in der ganzen Runde, und gleich darauf kamen drei oder vier Akrobatinnen, die über ihren Kostümen lange, triefnasse Mäntel trugen, aus den Kulissen hervorgestürzt, warfen sich in die Menge und trieben die wilden Leute aus den Bergen, die Fischverkäuferinnen und die betrunkenen Seeleute unter gewaltigem Fluchen, Ringen und Gelächter zurück. Die Frauen schienen diesen Teil ihrer Arbeit zu genießen, sie quietschten vor Vergnügen, wenn zwei oder drei von ihnen sich über einen riesigen Bauern oder Gastwirt hermachten und ihn dabei fast zu Boden zogen. Hier und dort konnte ich im Publikum eine kleine Gruppe von Krautjunkern mit ihren Töchtern sehen – gekleidet nach der Mode von vor fünf Jahren –, die nicht immer erfolgreich versuchten, die besseren Plätze zu einem Shilling zu erreichen. Die Menge drängte sich jetzt so dicht aneinander, daß ich kaum mehr sehen konnte als die Köpfe der Akrobaten, die nun endlich die Manege betraten, und viele der kleineren Frauen in meiner Nähe konnten sicher den ganzen Abend lang rein gar nichts sehen, aber trotzdem zeigten sie keinerlei Anzeichen von Ungeduld. Die Vorstellung fing mit dem üblichen schmutzigen Schimmel an, der um die Manege galoppierte und auf dessen Rücken eine grellgekleidete Reiterin durch einen Reifen sprang und einfache Kunststücke vorführte, während die Pferdehufe den grünen Schlamm auf dem Arenaboden aufspritzen und aufstieben ließen. Für die Akrobaten lag vor dem Eingang eine alte Türmatte, an der sie sich den Dreck von den Füßen wischten, ehe sie auf ihre Pferde stiegen. Etwas später erschien zum großen Entzücken der Leute der Clown. Einige Bodenturner folgten auf seine Nummer, dann erschienen wieder die Reiter, diesmal anders angezogen und geschminkt, und zeigten noch einmal ihre alten Kunststücke. Danach folgte eine lange Neckerei zwischen dem Clown und dem wichtigsten Reiter, der eine Menge vorsintflutlicher Witze riß, die mich ein wenig an die kleinen Zirkusse auf den äußeren Boulevards von Paris erinnerten, und schließlich trug der Reiter ein Lied vor, das ihm großen Applaus einbrachte:

Lang lebe der Mann, der küßt seine Frau,
und küßt dabei nur seine Frau,
denn manch einer küßt eines anderen Frau,
und glaubt, es sei seine Frau.

Lang lebe der Mann, der wiegt sein Kind,
und wiegt dabei nur sein Kind.
Denn manch einer wiegt eines anderen Kind,
und glaubt, er wiege sein Kind.

Gegen zehn Uhr schien der Sturm nachzulassen, und deshalb brach ich zusammen mit zwei jungen Männern, die denselben Weg hatten, auf. Der Regen hatte sich für einen Moment gelegt, aber es war arg windig, als wir in die Schenke gingen und um einige Kekse und ein Glas Bier baten, ehe wir uns endgültig aufmachten. Eine verschlafene Schankfrau, die mit einem Roman hinter dem Tresen herumlungerte, spitzte die Ohren, als sie uns von unserem Weg sprechen hörte.

»Aber Sie wollen doch nicht nach Ballydavid«, sagte sie, »nicht bei diesem Wetter.«

Wir erzählten ihr, wir wollten sogar noch weiter.

»Also ich«, sagte sie, »ich würde da heute nacht nicht hinfahren wollen, selbst wenn Sie mir eine vierspännige Kutsche und noch zwanzig Pfund dazu geben würden. Wie wollen Sie denn im Dunkeln weiterkommen, wenn sich die Straßen in Bäche verwandeln und wenn Sie jeden Moment in einen Graben oder einen Bach stürzen können?«

Als wir die Schenke verließen und die steile Straße hinaufgingen, die durch die Stadt führt, kam uns die Nacht nach dem hellen Licht der Kneipe dunkler denn je vor. Wir waren noch nicht weit gekommen, als eine Frauenstimme von unterhalb der Wand scharf rief: »Achtung, ein Pferd!« Ich blickte auf und sah die schwarzen Umrisse eines Pferdes, das sich genau über mir aufbäumte. Wir wußten nicht, wie wir bei dieser Dunkelheit einen Weg von zehn Meilen zurücklegen sollten; aber einer der jungen Männer lieh sich bei einem Krämer am Stadtrand eine Laterne, und wir gingen langsam und mühselig über die Brücke und den Hang hinauf, gerade mit genug Licht, um Wasserpfützen und Steinhaufen auf der Straße aus dem Weg zu gehen. Als wir den Kamm erreicht hatten und uns langsam an den Abstieg nach Smerwick machten, hörte der Regen auf, und ohne viel Ungemach erreichten wir das Dorf.

Morgens gehe ich oft zur Stelle, wo Sybil Ferriters Burg gestanden hat, auf einer kleinen Landzunge, die über einen schmalen Steg aus Felsen erreichbar ist. Wenn ich dort liege, kann ich ganze Züge von Kormoranen und Dohlen und Möwen sehen, die vor den Klippen herumfliegen, und dahinter sehe ich etliche *naomhógs*, die fast immer in Ferriter's Cove fischen. In der Ferne liegen dann Sybil Head und drei spitze Felsen, die Three Sisters; noch weiter weg sehe ich Smerwick Harbour und Brandon, zumeist verdeckt von weißen, luftigen Wolken. Zwischen den Landspitzen und dem Dorf gibt es einige mit Sanddorn bewachsene Dünen und einen flachen Strand, auf dem Dutzende von roten Bullen am Wasser liegen oder bis zu den Knien hineingehen. Weiter weg kommt man an seltsamen, hufeisenförmigen Buchten vorbei mit klarem, reinem Wasser von wundervollem Blau, eingerahmt von Sandsteinreihen auf der einen und schiefrig blauen Felsen auf der anderen Seite.

An diesem Morgen ging ich von Osten her nach Sybil's Head hoch, wo man dann plötzlich an einem felsigen Abgrund steht, der viele hundert Meter gerade zum Wasser hin abfällt. Es ist ein unbeschreiblich beeindruckender Platz, von dem aus wir Carrantuohill und die Skelligs und Loop Head sowie den weiten Atlantik sehen können, und über allem das wunderbar zarte und durchdringende Licht, das es nur in Kerry gibt. Wenn wir diese beinahe zweihundert Meter hinunterblicken, dann sind wir so hoch, daß die Tölpel, die dicht über der Wasseroberfläche fliegen, wie weiße Schmetterlinge aussehen, während die Dohlen wie Fliegen hinter ihnen herzuflattern scheinen. An solchen Orten fragt man sich, warum noch irgendein Mensch in Dublin, London oder Paris wohnt, wo es doch sicher besser wäre, an diesem großartigen Meer, unter diesem Himmel in einem Zelt oder einer Hütte zu leben und die wunderbare Luft einzuatmen, die sich zwischen den Zähnen anfühlt wie Wein.

Hier und dort auf der Landzunge liegen kleine Dörfer aus zehn oder zwanzig Häusern, die sich ohne irgendeine Ordnung oder eine Straße aneinander drängen. Meistens gibt es in diesen Dörfern ein oder zwei seltsame, Bienenkörben ähnelnde Konstruktionen, die hier angeblich als Schweineställe oder Vorratshäuser dienen. Als ich Sybil Head verließ, schloß sich mir ein großer junger Mann an, der erzählte, er sei bei der Marine gewesen, habe sich aber vor Ablauf seiner Dienstzeit freigekauft.

»Von uns hier im Dorf haben zwölf sich anwerben lassen«, sagte er, »und ich bin am längsten geblieben, aber es ist einfach kein erträgliches Leben. Die Arbeit ist nicht so schlimm, doch sie lassen dich einfach nicht allein, und immer mußt du irgendwelche überflüssigen Dinge erledigen.«

Er war während des Krieges in Südafrika gewesen, hatte Japan und überhaupt die ganze Welt besucht; aber jetzt trug er die landesübliche Kluft und hatte sich hier, wie er mir sagte, für den Rest seines Lebens niedergelassen. Ehe wir das Dorf erreichten, begegnete uns der Fischer Maurice, und wir setzten uns unter eine Hecke, um vor dem Regen geschützt zu sein. Wir unterhielten uns über Fieber und Krankheiten und Ärzte – in diesen kleinen Dörfern ist der Typhus fast schon heimisch –, und Maurice erzählte von traditionellen Heilmitteln.

»Es gibt eine Pflanze«, sagte er, »die reichhaltigste, die aus dem Boden wächst. In alten Zeiten gaben die Frauen sie ihren Kindern, bis die zwei Meter groß geworden sind. Dann haben die Priester und die Ärzte alles an sich gerissen und das alte Wissen zerstört, und das ist schlimm; denn Sie wissen doch sicher, daß die Heilige Mutter Gottes ihren eigenen Sohn mit solchen Pflanzen geheilt hat, und danach sagte sie, keiner Mutter solle je diese Pflanze fehlen, um ihr Kind zu heilen. Und dann verteilte sie den Samen auf der ganzen Welt, und seither wächst die Pflanze wirklich überall.«

* * *

Heute, an einem Feiertag, kam ich, zusammen mit einem Schulmeister und zwei jungen Männern aus dem Dorf, die nur den Nachmittag hier verbringen wollten, auf der großen Insel Blasket an. Der Tag war bewundernswert klar, See und Himmel waren blau, und die Fahrt im langen Kanu – ich hatte seit zwei oder drei Jahren in keinem mehr gesessen – machte mir eine unbeschreibliche Freude. Wir passierten Dunmore Head und hielten westwärts auf die große Insel zu, und dabei ließen die hohen Berge und die scharfen Felsen die Gegend sehr viel anders aussehen als die Meerengen bei Aran, wo ich zuletzt mit einem *curragh* unterwegs gewesen war. Wie üblich ruderten drei Männer – mein Gastgeber, sein Sohn und ein großer Nachbar, alle trugen blaue Pullover, Hosen aus selbstgesponnener Wolle und Hemden, und sie sprachen nur irisch, obwohl mein Gastgeber, wenn er wollte, Englisch gut beherrschte. Als wir uns Blasket näherten, das sich wie ein Berg steil aus dem Meer zu erheben schien, konnten wir viele Menschen in Sonntagskleidung erkennen, die am Rand der Klippen saßen oder standen und auf uns warteten; gleich hinter ihnen sahen wir einige Hütten mit Dächern aus geteertem Filz. Etwas später erreichten wir zwischen den Felsen eine Bucht, wo wir an einem Bootsbauplatz landeten. Dann kraxelten wir einen steilen Zickzackpfad zum Felsengipfel hoch. Die Leute, die wir vorher von unten gesehen hatten, scharten sich um uns und schüttelten uns die Hände,

Die Hütte, in der ich hier wohnen sollte, ist eine der höchstgelegensten, und während wir durch kleine Gänge zwischen den Hütten auf sie zugingen, tauchten viele weiße, wölfisch aussehende Hunde auf und kläfften uns an. Mein Gastgeber war mit meiner Tasche schon vorausgegangen, und als ich seine Türschwelle erreichte, trat er vor, schüttelte mir noch einmal die Hand und hieß mich willkommen. Seine älteste Tochter, eine verheiratete junge Frau von etwa zwanzig, die ihm den Haushalt führte, gab mir ebenfalls die Hand und begann, ohne sich nach unserem Hunger zu erkundigen, Tee zu kochen und Speckstreifen zu braten. Sie ist eine zierliche, hübsche Frau mit braunen Haaren und Augen – statt der schwarzen Haare und blauen Augen, die bei ihresgleichen in Irland sonst zu beobachten sind –, und sie hat zarte Füße und Fesseln, was in dieser Gegend nicht üblich ist, weil die Frauen so hart arbeiten müssen. Ihre Schwester, die im selben Haus lebt, ist ein reizendes Mädchen von vielleicht achtzehn, voller Humor und guter Laune.

Der Schulmeister riß Witze auf Englisch und Irisch, während die zierliche Gastgeberin uns den Tee servierte; dann füllte sich die Küche mit jungen Männern und Frauen – die Männer waren gekleidet wie normale Fischer, die Frauen trugen Kattunmieder und bunte Röcke, die nichts mit der Tracht der Aran-Bewohner gemein hatten –, und eine Polka wurde getanzt, mit seltsamer Feierlichkeit, in einem Wirbel von Staub. Danach mußten meine Begleiter sich wieder auf den Weg zum Festland machen. Als wir das Haus verließen, um zum Meer zu gehen, scharte sich eine Menschenmenge um uns, die fast aus sämtlichen Einwohnern der Insel bestand. Am Klippenrand verabschiedeten sich die jungen Männer sowie der Schulmeister von mir und kletterten den Zickzackpfad hinunter, während ich mit den Insulanern an der Felskante stand. Ich blieb lange dort sitzen und sah zu, wie das Segel des Kanus auf Dunquin zuhielt, und dabei unterhielt ich mich mit einer jungen Frau, die einige Jahre in Ballyferriter verbracht hatte und gut englisch konnte. Es war ein besonders schöner Abend, und nach einer Weile, als die Menschenmenge sich zerstreut hatte, ging ich durch das Dorf und folgte dann einem Weg in Richtung Nordwesten, zwischen einigen Kartoffeläckern und kleinen Feldern voller Unkraut, die längst nicht mehr bestellt zu werden schienen. Dann ging ich einen steilen grünen Hügel hinauf und stand plötzlich am schroff abfallenden Rand einer Klippe. Es war ein wunderbarer Anblick. Genau unter mir befand sich der Atlantische Ozean; ich konnte ein oder zwei Meilen entfernt die scharfen Felsen von mehreren unbewohnten Inseln sehen, etwas weiter weg Tearaught, und, zu meiner Linken, die ganze nördliche Kante der Insel, die sich zum Westen hinzieht, eine steile, heidebewachsene Front, bis zu dreihundert Meter hoch. Der Anblick von Meer und wilden Inseln war so klar und kalt und brillant wie in einem Traum, der lebendig wird in dem einzigartigen strengen Glanz, der diesem Ort hier eigen ist.

Auf diesem Spaziergang sah ich nicht weit entfernt viele der jüngeren Insulaner, die herumsprangen und Gewichte hoben – einen schweren Stein – oder die im Gras Wettrennen veranstalteten. Dann kamen vier Mädchen Arm in Arm auf mich zu und sprachen mich auf Irisch an. Schon bald lachten sie laut über meine Gebärden, mit denen ich meine Rede zu vervollständigen hoffte, und nach und nach kamen auch die Männer herbei, so daß wir schließlich von einer Menschenmenge umstanden waren. Die Nacht wurde jedoch immer kälter, und bald kehrten wir ins Dorf zurück und setzten uns für den Rest des Abends um das Küchenfeuer.

Um elf Uhr erhoben sich alle auf einmal und ließen mich mit der zierlichen Gastgeberin – der Hausherr war zusammen mit den jungen Männern aufs Festland gefahren – und ihrem Mann und ihrer Schwester allein. Ich sagte, ich sei müde und wolle gern ins Bett; sie zündete eine Kerze an, ging damit ins Nebenzimmer und befestigte sie mit einigen Tropfen Wachs auf einem Bettpfosten. Dann legte sie ihre Schürze ab und hängte sie als Vorhang vor das Fenster, legte eine weiter Schürze als Teppich auf den feuchten Lehmboden und überließ mich meinem Schicksal. Das Zimmer enthielt zwei Betten, die hintereinander, durch einen schmalen Spalt getrennt, an der einen Wand standen, einen Stuhl, den meine Gastgeberin hineingestellt hatte, eine alte Haarbürste, die das Fenster offenhielt, und sonst nichts. Als ich schon eine Weile im Bett lag, hörte ich in der Küche die Stimme des Gastgebers, und gleich darauf kam er mit einer Kerze in der Hand herein und entschuldigte sich ausgiebigst für seine Abwesenheit während meines ersten Abends auf der Insel, und dabei hatte er weiter die Kerze in der Hand und kam mit seinem Gesicht ganz nahe an meines. Ich sagte, seine Familie und seine Nachbarn hätten sich sehr gut um mich gekümmert und ich hätte ihn kaum vermißt. Er ging wieder, und eine halbe Stunde später wurde die Tür wieder mit dem Löffel, der den Riegel anhebt, geöffnet, und wieder erschien der Gastgeber, in einem Anzug aus weißer, selbstgesponnener Wolle, und sagte, er müsse mich bitten, sich auf dem anderen Bett ausstrecken zu dürfen, sonst gebe es kein Bett für ihn. Ich sagte, das sei mir recht, und er legte sich ins andere Bett und zündete seine Pfeife an. Danach unterhielten wir uns lange über Amerika und die jüngere Generation.

»Von dieser Insel ist seit vierzig Jahren niemand ertrunken«, sagte er, »und das ist wirklich ein Wunder, denn wir leben gefährlich. Der letzte, dem das widerfahren ist, war der Bruder des Mannes, mit dem du gesprochen hast, als die Mädchen tanzten. Er war mit einer Witwe verheiratet, die im Westen von Ballydavid eine Schenke hatte, und er fischte gerade Makrelen und hatte schon viele erwischt, aber er füllte sein Kanu zu sehr, und das Kanu lag bis zum Rand im Wasser, und eine Welle schwappte herein, als sie sich dem Ufer näherten, und das Boot ging unter. Zwei Männer konnten sich retten, der Mann von dieser Insel aber ertrank, denn sein Ölzeug rutschte ihm auf die Füße, und so versank er sofort.«

Dann sprachen wir über die Aussichten für die Makrelensaison. »Wenn es eine gute Saison ist«, sagte er, »dann kommen wir gut zurecht, aber das steht nun wirklich nicht fest. Wir bezahlen vier Pfund für ein Netz, und manchmal wird das schon am ersten Tag von einem Hundshai dermaßen zerrissen, als ob man es mit einem Messer in kleine Stücke geschnitten hätte. Manchmal sterben die Makrelen im Netz, und selbst zehn Männern fällt es dann schwer, das Netz ins Kanu zu ziehen, und wenn der Wind stärker wird, müssen wir loslassen und das Netz auf den Meeresboden sinken lassen. Wenn wir hier nachts einen guten Fang gemacht haben, dann fahren wir nach Dunquin und verkaufen die Fische morgens an Fischhändler, aber Sie können mir glauben, es ist sehr gefährlich, die Meerenge mit einem schwerbeladenen Boot zu überqueren. Wenn das Wetter die Überfahrt nicht zuläßt, dann salzen wir die Fische selber ein – wir müssen sie sauber einsalzen und sie in saubere Fässer legen –, und am ersten ruhigen Tag kommen die Händler dann aus Dingle hierher.«

Danach sprach er über die Menschen, die nach Amerika auswandern, und über die jüngere Generation, die jetzt in Irland heranwächst.

»Die jungen Leute taugen zu nichts«, sagte er. »Ich tauge nicht soviel wie mein Vater früher, und mein Sohn ist noch schlimmer als ich.« Dann legte er seine Pfeife auf den Bettpfosten. »Sie werden jetzt müde sein«, sagte er dann, »also sollten wir schlafen, und, wenn Sie verzeihen, darf ich um Ihren Namen bitten?« Ich nannte ihn ihm.

»Dann, gute Nacht«, sagte er, »und hoffentlich schlafen Sie gut in Ihrer ersten Nacht hier auf der Insel.«

Dann blies er die Kerze aus, und wir machten uns zum Schlafen bereit. Nach wenigen Minuten hörte ich, daß er im Traumreich weilte, und als meine Gedanken sich ebenfalls gerade auf Wanderschaft machten, öffnete sich die Haustür, und der Sohn des Hauses, ein junger Mann von vielleicht zwanzig, kam herein und trat mit einer weiteren Kerze in der Hand dicht an mein Bett heran. Ich lag mit geschlossenen Augen da, und der junge Mann schien sich über meine Anwesenheit nicht zu freuen, obwohl er mich voller Neugier musterte. Als er genug gesehen hatte, ging er in die Küche zurück, trank einen Whiskey und sprach seine Gebete; dann, nachdem er noch eine Weile mit dem kleinen Windhundmischling gespielt hatte, der ihn anzubeten schien, zog er sich aus, stieg über seinen Vater hinweg und streckte sich auf der inneren Seite des Bettes aus.

Ich erwachte am nächsten Morgen gegen sechs, und bald darauf wachte auch mein Gastgeber auf und fragte, wie es mir gehe. Dann fragte er, ob ich Whiskey tränke, und als ich das bejahte, rief er mit lauter Stimme nach einer seiner Töchter. Bald darauf betrat das jüngere Mädchen mit schlaftrunkenem Blick das Zimmer und holte auf Befehl des Gastgebers die Whiskeyflasche, etwas Wasser und ein grünes Weinglas aus der Küche. Zuerst trat sie an mein Bett und ließ mich trinken, dann machte sie dasselbe bei ihrem Vater und Bruder, reichte uns Pfeifen und Tabak und ging wieder in die Küche.

Gegen Mittag sollten in Ballyferriter Spiele stattfinden, und nachdem wir uns eine Weile unterhalten hatten, fragte ich meinen Gastgeber, was er davon hielte, wenn ich aus diesem Anlaß hinüberführe. »Das sollten Sie lassen«, sagte er. »Sie sollten besser bleiben, wo Sie sind; die Männer werden auf der Rückfahrt alle betrunken sein und sich in den Kanus prügeln und treten, und ein Mann wie Sie, der nicht an uns gewöhnt ist, fürchtet sich dann sicher. Und die Leute würden Sie sicher mit in eine Schenke nehmen, und dann in noch eine, und am Ende wären Sie vielleicht selber betrunken, und das wäre doch gar nicht angenehm für einen Gentleman. Bleiben Sie hier auf der Insel, dann kann Ihnen nichts passieren.«

Als der Sohn später aufstand und zwischen Küche und Kammer hin- und herging, starrten einige Nachbarn, die sich schon eingestellt hatten, mich voller Neugier an, während ich noch im Bett lag; dann stand ich selber auf und ging in die Küche. Die Tochter wollte mir Frühstück machen, doch ehe sie damit fertig war, nahm sie den

Brotteig, den sie gerade knetete, aus einer Schüssel, goß ein wenig Wasser hinein und stellte sie neben der Tür auf einen Stuhl. Dann suchte sie hinter den Dachbalken, bis sie ein Stück Seife gefunden hatte, das sie zusammen mit dem Handtuch auf den Stuhl legte, worauf sie mir sagte, ich könne mir das Gesicht waschen. Ich wusch mich so gut wie möglich mitten zwischen all den Menschen und trocknete mich mit dem Handtuch ab, das von der ganzen Familie benutzt wurde.

Draußen sah es nach Regen und Wind aus, deshalb hielt ich mich an den Rat des Gastgebers und ließ die Kanus ohne mich zu den Spielen fahren. Nach einem Spaziergang über die Klippen kehrte ich ins Haus zurück, um Briefe zu schreiben. Meine Gastgeberin spülte gerade das Frühstücksgeschirr, als ich mit meinem Papier und meinen Federkielen ankam, aber sie machte für mich Platz auf dem Tisch und kam später, als sie mit Spülen fertig war, zu ihrem gewohnten Platz in der Kaminecke, ganz in meiner Nähe, setzte sich auf den Boden, zog ihre Haarnadeln heraus und kämmte sich die Haare. Bei jedem Brief, den ich beendete, mußte ich ihr erzählen, für wen er bestimmt war, wo die Leute lebten, ob sie verheiratet waren oder ledig, wie viele Kinder sie hatten und wieviel Pfund sie wohl pro Jahr verbrauchten und wie viele Dienstboten sie beschäftigten. Als ich fast fertig war, erschien das jüngere Mädchen mit drei oder vier anderen jungen Frauen, denen bald darauf eine Gruppe von Männern folgte.

Ich zeigte ihnen einige Photos von den Aran Inseln und Wicklow, die sie voller Interesse betrachteten. Die ältere Tochter war vor allem von zweien oder dreien entzückt, auf denen Babies oder Kinder im Vordergrund zu sehen waren; und als sie mir die Hände auf die Schultern legte und sich, um die Bilder besser sehen zu können, mit der Vertraulichkeit, die in dieser Gegend so üblich ist, vorbeugte, war es unübersehbar, daß sie, wie viele attraktive Frauen, Kinder leidenschaftlich gern hatte. Während ich ihr alles über diese Kinder erzählte, was ich wußte, sah ich, daß einer der Männer voller Erstaunen ein altes Bild von mir zeigte, das vor vielen Jahren in einer Allee des Jardin du Luxembourg aufgenommen worden war und auf dem im Hintergrund zahlreiche Skulpturen zu sehen waren. »Sieh dir das an«, flüsterte er auf Irisch einem der Mädchen zu, »in diesen Ländern stehen nackte Leute nur mit ihrer Haut bekleidet herum.«

Ich erklärte, daß diese Figuren nur aus Marmor seien, und die anderen Mädchen sahen sich das Bild ebenfalls an. »Meine Güte«, sagte meine zierliche Gastgeberin. »Is deas an rud do bheith ag siubhal ins an domhain mór!« (»Es ist doch schön, durch die weite Welt zu reisen!«)

Am Nachmittag ging ich auf dem schmalen, zentralen Kamm der Insel entlang, bis ich den höchsten Punkt erreichte, der fast drei Meilen westlich des Dorfes liegt. Das Wetter war düster und wild, und die Einsamkeit dieses Ortes war fast erschreckend. Ich konnte auf jeder Seite ein nebliges Stück grauer, bewegter See erkennen, und in der Ferne sah ich viele Berge und konnte über die schattigen Umrisse von Inishtooskert bis zum Felsen Tearaught blicken. Während ich noch auf der kleinen

Kuppe saß, die den Gipfel der Insel bildet – einer Kuppe, die von Kaninchen kahlgefressen und zerfurcht ist –, türmte sich auf der anderen Seite der Dingle Bucht hinter Valentia eine schwere Nebelbank auf. Als ich das sah, verließ ich in aller Eile meinen Gipfel, um mich vor Einbruch des Nebels aus dieser gefährlichen Gegend zu entfernen. Trotz meiner Eile hatte ich aber erst eine halbe Meile zurückgelegt, als Nebelschwaden mich umfingen, und ich konnte nur grauen Dunst und einige wenige Meter einer steilen, rutschigen Grasböschung sehen. Alles war ganz außergewöhnlich verzerrt und vergrößert, aber unter mir hörte ich das Meer stöhnen, und ich erkannte die Richtung, die ich einschlagen mußte, um sicher das Dorf zu erreichen. An einigen Stellen auf der Südseite ist die Insel von scharfen, engen, kleinen Buchten zerklüftet, und als sich der Nebel ein wenig öffnete, konnte ich über sie hinwegsehen und erblickte Möwen und Dohlen, die im Gras herumpickten und dabei so groß aussahen wie Kühe aus Kerry oder schwarze Bergschafe. Ehe ich das Haus erreichte, bekam ich einen Regenschauer ab, und als ich die Küche betrat, tropfte mir das Wasser vom Hut. »Du meine Güte«, sagte meine Gastgeberin bei meinem Anblick. »Tá tú an-fhluich anois!« (»Du bist jetzt sehr naß.«) Sie war allein im Haus, und sie atmete laut, mit einer Art schlichten Selbstgewichtigkeit, als sie ihre Krüge und Teetassen spülte. Als ich etwas später meinen Tee trank, kamen einige Frauen, die in einer der Nachbarhütten wohnten, mit drei oder vier kleinen Mädchen herein – den schönsten Kindern, die ich je gesehen hatte. Sie wollten die kleinen Mädchen dazu überreden, zusammen einen Reel zu tanzen, aber die Kleinste verbarg ihr Gesicht in den Röcken meiner Gastgeberin. Schließlich tanzten zwei kleine Mädchen mit zwei Frauen, und eine trällerte dazu die Melodie. Die zierliche Gastgeberin saß derweil am Feuer und rupfte und zerlegte für das Abendessen der Männer einen Kormoran, und dabei ermahnte sie die Mädchen, wenn die beim Tanzen aus dem Tritt gerieten.

Abends an Sonntagen und Feiertagen gehen die jungen Männer und Mädchen auf eine felsige Landspitze im Nordwesten, wo es einen langen, grasbewachsenen Abhang gibt, um dort zu tanzen und sich zu unterhalten, und an diesem Abend ging ich mit zwei Männern hin und erzählte ihnen unterwegs auf Irisch Gespenstergeschichten. Als wir den Hügelkamm überquert hatten, stießen wir auf eine Anzahl junger Männer, die im niedrigen Gras lagen und Karten spielten. Wir setzten uns zu ihnen, und schon bald erschienen Mädchen und junge Frauen und setzten sich ein paar Meter von uns entfernt an den Rand der Klippe. Einige von ihnen trugen die rehbraunen Umschlagtücher, die so attraktiv sind und im Süden so sehr geschätzt werden. Es war kurz nach Sonnenuntergang, und Inishtooskert zeichnete sich mit rauchig blauen Umrissen vor dem roten Himmel ab. Am Fuße der Klippe leuchtete ein wunderschönes, silbriges Licht über die See, die schon jetzt, noch ehe der Herbst angefangen hatte, heftig und winterlich und kalt war. Die kleine Gruppe von Männern in blauen Jacken im Gras und die Mädchen in einiger Entfernung waren in dieser

Einsamkeit aus Felsen und Meer von einzigartiger Wirkung; und trotz ihrer guten Stimmung machte es mich gewissermaßen traurig, die absolute Einsamkeit und Verzweiflung jenes Ortes, der diesen Menschen ihre besten Eigenschaften verliehen hat, zu spüren.

Einer der jungen Männer war einige Tage zuvor auf dem Heimweg von Dingle von einem Karren gefallen, und sein Gesicht war immer noch blutig und wund und sah entsetzlich aus; aber die jungen Mädchen schienen das romantisch zu finden, und einige von ihnen setzten sich im Kreis um ihn herum und streichelten sein Gesicht und seine Arme. Als die Kartenpartie zu Ende war, zeigte ich den jungen Männern ein paar Tricks, und sie versuchten, es mir nachzutun, was die Mädchen sehr erheiterte. Schließlich schafften sie es. Auf dem Rückweg ins Dorf liefen die Mädchen ausgelassen durch das Zwielicht, sprangen durch das Gras, kreischten, stürzten sich auf die jungen Männer und versuchten, sie umzureißen. Die Männer ihrerseits nahmen sie bei der Hand und ließen sie vier- oder fünfmal herumwirbeln, ehe sie sie losließen, und dann wirbelten sie noch ein gutes Stück weiter den Hang hinunter, drehten sich dabei wie ein Kreisel und konnten nur mit sehr viel Glück auf den Füßen bleiben.

Als wir das Dorf erreichten, gingen alle zum Abendessen in ihre Hütten, und in unserer Hütte fegte meine Gastgeberin den Boden und bestreute ihn mit ein wenig Sand, den sie in ihrer Schürze mitgebracht hatte. Dann füllte sie einen Krug mit Trinkwasser, zündete die Lampe an, setzte sich ans Feuer und kämmte sich die Haare.

Einige Zeit darauf, als einige junge Männer wie üblich für den Abend hereingekommen waren, sagte einer, ein *naombóg* kehre gerade von den Spielen zurück. Wir gingen aus dem Haus, aber es war zu dunkel, um außer den Lichtern eines kleinen Dampfers, der fast genau unter uns, unterwegs nach Limerick oder Tralee, durch den Sund passierte, noch irgend etwas zu sehen. Als der Dampfer verschwunden war, hörten wir aus einem Kanu irgendwo draußen in der Bucht wütendes, betrunkenes Brüllen. Die Männer schienen sich gegenseitig zu erwürgen oder umzubringen, und es war ein Wunder, daß sie ihr Kanu überhaupt noch lenken konnten. Die anderen schienen die Lage für nicht sonderlich gefährlich zu halten, und so setzten wir uns wieder ans Feuer und sprachen über Porter und Whiskey (ich habe die Männer hier nie auch nur eine halbe Stunde reden hören, ohne daß auf Alkohol angespielt wurde), sie diskutierten darüber, wieviel ein Mann jeden Tag getrost trinken kann, ob man besser trinken sollte, wenn man Durst hat oder zu den gewöhnlichen Zeiten, und zu welcher Nahrung Porter am besten schmeckt. Dann fragten sie, wieviel Porter ich selber trinken könne, und ich sagte, ich tränke nur Whiskey, weil ich mir aus Porter nichts mache und nur bei Durst ab und zu ein Pint oder zwei tränke.

»Die Mädels lachen über das, was du jetzt gesagt hast«, sagte ein alter Mann, »aber Whiskey ist das leichtere Getränk, ich würde auch lieber welchen trinken, und jeder alte Mann würde mir zustimmen.« Bald darauf kamen einige junge Männer in Sonntagskleidung und erzählten uns von den Spielen.

Am nächsten Morgen regnete es heftig, und der Gastgeber nahm Netze hervor und setzte sich mit seinem Sohn und seinem Schwiegersohn zum Netzeflicken hin. Während dieser Arbeit füllte sich die Küche, die Nachbarn liefen ein und aus und unterhielten sich über Wetter und Jahreszeit. Dann schnitten sie sich gegenseitig die Haare, wer gerade an der Reihe war, saß mit einer Ölplane um den Hals auf einem Hocker bei der Tür, und einige andere Männer kamen herein, um ihre Rasiermesser am Rasierriemen des Gastgebers zu schärfen, der offenbar der einzige auf der Insel war. Ich hatte mich seit meiner Ankunft nicht rasiert, und meine kleine Gastgeberin fragte mich nach einer Weile, ob ich das vor dem Essen erledigen wolle. Ich sagte ja, und sie brachte mir Wasser in der Kartoffelschüssel, die sie auf einen Stuhl stellte; dann brachte ihre Schwester mir eine Spiegelscherbe und hängte sie an einen Nagel bei der Tür, wo es etwas Licht gab. Ich ging ans Werk, und als ich den Leuten den Rücken zukehrte, konnte ich im Spiegel sehen, daß mich zwanzig Augen aufmerksam beobachteten. »Das sieht wirklich viel besser aus«, sagte der Gastgeber, als ich fertig war, »und falls Sie je einen Bart haben wollen, Gott segne Sie, dann wird der ganz schön üppig ausfallen.«

Als ich an diesem Abend vom Hügelkamm zurückkehrte, wo ich oft saß, um auf einer Seite den prächtigen Atlantik und auf der anderen das traurige oder glänzende Grau der Dingle Bay zu sehen, schlossen sich mir zwei junge Frauen an, und wir gingen zusammen zurück. Vor dem Dorf begegnete uns eine alte Frau, die stehenblieb und uns anlachte. »Na, Sie haben heute abend ja ordentlich Glück, Fremder«, sagte sie, »hier in Gesellschaft von Frauen herumzuspazieren.«

»Das hab ich«, antwortete ich. »Und ist das nicht das Beste, was es auf der Welt überhaupt gibt?«

Weil vor unserer Tür die Tochter meines Gastgebers den Boden fegte, setzte ich mich in den Giebel der Hütte und blickte über die Dächer des kleinen Dorfes auf die Meerenge, wo die Flut mit außergewöhnlicher Kraft hereinströmte. Wenige Minuten später setzte sie sich neben mich – weil sie fand, ich sollte nicht allein sein, wenn ich schon vom Staub vertrieben worden war –, und ich fragte sie ausgiebig über die Namen und die Verwandtschaftsgrade der Leute aus, die ich jetzt langsam kennenlernte.

Später, als sich wieder viele in der Küche versammelt hatten, erzählten die Männer mir von ihren Hummerkörben, die aus Southampton kommen und pro Stück eine halbe Krone kosten. »Bei gutem Wetter«, sagte mein Gesprächspartner, »halten sie oft ein Vierteljahr, aber bei Sturm zerbrechen sie manchmal schon nach ein oder zwei Wochen. Aber es ist trotzdem ein gutes Geschäft, wir verkaufen in der Saison jede Woche Hummer und Langusten an ein Schiff aus England oder eines aus Frankreich, vielleicht sehen Sie vor Ihrer Abreise ja noch eins davon.«

Ich erzählte ihnen, daß ich oft in Frankreich gewesen sei, und ein Junge fing an, auf Französisch zu zählen, das hatte er von den Fischkäufern gelernt. Etwas später, als die Unterhaltung zu versanden drohte, wandte ich mich an den jungen Mann neben mir – wie ich gehört hatte, war er der beste Geiger der Insel – und bat ihn, uns einen Tanz zu spielen. Er wehrte ab und wollte seine Geige nicht holen gehen; aber zwei Mädchen stahlen sich davon und brachten sie ihm. Der junge Mann stimmte sie und wollte sie mir rüberreichen, aber ich bestand darauf, daß er anfangen sollte. Dann spielte er ein oder zwei Lieder, nicht in der richtigen Tonlage, aber mit gutem Klang und schönem Rhythmus. Als ich an die Reihe kam, spielte ich ebenfalls einige Stücke, aber die Geige war so tief gestimmt, daß ich nicht machen konnte, was ich wollte, und ich hatte auch keinen großen Erfolg, obwohl der Geiger mich interessiert beobachtete. »Das ist großartig gespielt«, sagte er, als ich fertig war, »ich habe noch niemanden gesehen, der so wie Sie die Hand bewegt und mit vollem Bogenstrich spielt.« Dann spielte er eine Polka, und vier Paare tanzten. Die Frauen waren wie immer barfuß, und wenn eine Tanzfigur nur für Frauen folgte, dann war das lautlose Trippeln der nackten Füße von seltsamer Wirkung, danach setzte wieder das schwere Stampfen und Trampeln der Männerstiefel ein. Der Wirbel von Musik und Tanz in dieser kleinen Küche war für mich von außergewöhnlicher Wirkung. Die Freundlichkeit und die Fröhlichkeit dieser Insulaner, die, wie wir wissen, voller Aufruhr und Strenge und Kühnheit stecken, ist von einer Güte und Anziehungskraft, die dem Stadtleben vollkommen abgeht und die uns an schottische Balladen denken läßt.

* * *

Das größte Ereignis in West Kerry ist der Pferdemarkt, auch *Puck Fair* genannt, der im August stattfindet. Wenn wir viele Meilen östlich oder westlich von Killorglin jemanden fragen, wann er seinen Hafer geerntet oder seine Schweine und Färsen verkauft hat, dann wird er antworten, dann und dann vor oder nach *Puck*. Auf den Hauptstraßen geriet ich vor vielen Tagen an allerlei Landstreicher und Gaukler, manchmal allein und manchmal in Gruppen von vieren oder fünfen, und da ich sehr oft auf den Straßen unterwegs bin, sind mir dieselben Leute mehrere Tage hintereinander begegnet – eines Tages vielleicht in Ballinskelligs, am Tag darauf in Feakle Callaigh, am dritten am Rande von Killorglin.

Gestern kamen von Westen her Kavalkaden jeglicher Couleur mit vielen Pferden, Stuten, Ponies, Fohlen und Eseln, deren Besitzer ihnen in Karren- oder Leiterwagen oder auf Ponies reitend folgten.

Die Männer hier im Haus – sie wollen ein Pferd kaufen – sind letzte Nacht zum Markt aufgebrochen, und ich bin ihnen heute sehr früh gefolgt. Als ich mich Killorglin näherte, war die Straße verstopft von den letzten Händlern, die sich eifrig vorwärtsdrängten, und von frühen Käufern, die besorgt ihre jungen Pferde davonführten, ehe die Straßen durch das Gedränge von betrunkenen Fahrern und Reitern gefährlich wurden.

Vor der Stadt, in der Nähe der ersten Schänke, knieten blinde Bettler auf dem Weg und beteten mit fast orientalischer Zungenfertigkeit für die Seele eines jeden, der ihnen eine Münze geben mochte.

»Möge die Heilige Unbefleckte Mutter Jesu Christi«,

sagte der eine, »in der Stunde deiner Not für dich Fürbitte einlegen. Helft einem armen, blinden Geschöpf, und möge Jesus Christus euch in der Stunde eures Todes helfen. Möge Er Erbarmen haben, sage ich, mit euren Brüdern und Vätern und Schwestern auf immerdar.«

Ein Stück weiter waren Buden aufgebaut, wo billige Kuchen und Erfrischungen verkauft wurden, und man konnte sehen, daß viele der Häuser zur Versorgung der heranströmenden Menschenmengen dienten. Dann erreichte ich die Hauptstraße, die den Marktplatz umgibt, wo sich Pferde zusammendrängten, umhertrabten und gingen und galoppierten; die meisten waren von der billigeren Sorte, und sie wurden offenbar zur Freude der Menge zu einem Preis verkauft, der an die Zeiten erinnerte, als es Frischfleisch zu drei Pence das Pfund gab. Auf der anderen Seite des Platzes gab es ein oder zwei rohgezimmerte Schießbuden, und einige Frauen, denen man ansehen konnte, daß sie nicht besonders strenggläubig waren, verkauften – oder gaben das vor – jegliche Art von Tand: eine Sitte, wie ich hörte, die sie aus den Städten der Umgebung übernommen hatten. Am Ende des Platzes ging ich um die Kapelle herum, wo eine Schar von Leuten gerade einen Mann hingelegt hatte, der beim Sturz vom Pferd getötet oder schwer verletzt worden war, und dann ging ich ans Flußufer und wieder zurück zur Hauptstraße. Hier stieß ich auf eine Vielzahl von Menschen, die nur gekommen waren, um sich zu amüsieren – eine Menschenmenge ist für diese einsamen Menschen, die in langgezogenen Tälern in den Bergen leben, so erregend wie Champagner, und sie liefen hin und her und freuten sich, Freunde und Verwandte zu treffen. Dann, auf dem dreieckigen Platz mitten in der Stadt, stieß ich auf Puck höchstpersönlich, einen prächtigen Ziegenbock (irisch: puc), der mit einer Kette an jedem Horn in sechs Meter Höhe auf einer Plattform thronte und auf die Straße hinabblickte. Er bleibt mit ein paar Kohlköpfen als Futter drei Tage dort oben und steht dem Schweine- und Pferdemarkt und dem Tag des Abbrechens vor.

Am Fuße dieser Plattform, wo das dickste Gedränge herrschte, grölte ein junger Bänkelsänger zu Ehren von Puck eine Ballade, was an die frühen griechischen Feste erinnerte, seit deren Zeit möglicherweise der Ziegenbock jedes Jahr in Killorglin erhöht wird.

Das Lied war auf einen grünen Zettel gedruckt. Es lautete:

Ein neues Lied über den grossen Puck-Markt
von John Purcell

Ihr jungen Liebenden alle, die ihr euch gern amüsiert,
leiht mir kurz euer Ohr,
ich singe das Lob des Puck-Marktes,
und das kommt euch wohl witzig vor,
dort trifft sich euresgleichen in Killorglin
im schönen August,
und bewundert den großen Puck,
den Helden mit stolzer Brust.

Refrain:
Und hurra für den Puck im grünen Gewand,
denn er ist ein stolzer Bock,
sein Schwanz wird nicht naß vom Regen,
denn die Haare sind so lang wie ’ne Hand.

Auf dem Platz wird sitzen er ganz oben,
und alle Flaggen weh’n,
und kein anderer Jahrmarkt in Irland
ist auch nur halb so schön,
hier sehen wir Spieler und Gaukler,
beim lustigen Hütchenspiel,
wir hören die Bänkelsänger,
und an der Schießbude trifft mancher das Ziel.

Refrain:
Und kein Tyrann kann das ändern,
unsere Bräuche behalten wir fest,
und ich glaube, wir kriegen dazu noch
die Autonomie per Gesetz.

Und nun, all ihr Junggesellen,
zu Karneval kriegt ihr ’ne Frau,
denn vorm nächsten Puck – Markt sind wir autonom,
das wissen wir jetzt ganz genau.
Und euch jungen Mädchen, wenn einen Mann ihr sucht,
laßt euch von der Herrschaft nicht halten, und kommt
zum Markt von Puck.

Céad míle fáilte zum Jahrmarkt von Puck.

Wenn man hier und da Wörter zusammenzieht, dann klingen die Zeilen gar nicht so holprig, wie sie aussehen, und wirken ziemlich regelmäßig; im ganzen jedoch, trotz Assonanz, Reim und obwohl »alle Flaggen weh'n« hat das Ganze mit guter Balladenkunst doch schmerzlich wenig zu tun.

Auf der anderen Seite des Platzes sangen ein Mann und eine Frau, die ein Baby auf den Rücken geschnallt hatte, eine Ballade über den Russisch-Japanischen Krieg, in der seltsamen Methode des Wechselgesangs, den wir manchmal noch in den Seitenstraßen von Dublin hören können. Hier folgen einige Verse:

Mann:

Alles wird teurer, es steht schlimm um den Staat,
Mehl, Tee und Zucker und Tabak und Fleisch,
doch Gott hilf uns, wir armen Iren,
sonst hilft uns niemand so leicht.

Beide:

Wenn doch nur endlich mit dem Handel Schluß wäre.

Frau:

Die Russen nun sind mächtig zu Wasser und zu Land,
doch die Japs sind noch stärker, sie haben sie in der Hand,
und eh dieser Krieg endet, möchte ich doch noch sagen:

Beide:

Am Ende müssen wir mehr Tote als im Krimkrieg
beklagen.

Mann:
Die Japs siegen glorreich bei jeglicher Schlacht,
und jetzt haben sie schon Tausende von Russen
umgebracht.
etc. etc.

Und so ging es weiter, über sieben und acht Strophen hinweg, immer im selben seltsamen Wechselgesang; es war erstaunlich, wie sehr das Lied von dieser schlichten Änderung der Stimmen profitierte.

Als ich wieder zum Marktplatz kam, begegnete mir mein Gastgeber, und ich trat mit ihm unter einen Torbogen hindurch in einen Hinterhof, um mir ein kleines, zweijähriges Fohlen anzusehen, das sie gekauft hatten und das im Moment mit drei oder vier weiteren jungen Pferden in einer behelfsmäßigen Box stand. Die kleine Stute war hübsch und gut gebaut, sah aber, wie ich fand, zu zierlich aus für die Arbeit, die von ihr gefordert werden würde. Als wir wieder auf der Straße standen, sang der Mann mitten in der Menge eine sehr offenherzige Ballade über Frauen. Als wir vorüberkamen, erreichte er die skandalöse Moral von der Geschicht'; und die Frauen liefen in alle Richtungen auseinander, kreischten vor Lachen und hielten sich ihre Tücher vor den Mund.

An der nächsten Ecke gingen wir in eine Schenke, wo Bekannte von uns saßen, die ihre Geschäfte bereits abgeschlossen hatten; wir gingen in eine Nische, um uns einen Moment lang ruhig hinzusetzen. »Was darf es sein, Sir«, fragte mein Gastgeber. »Ein Glas Wein?«

Ich nahm Bier, die anderen baten um Porter, wir wurden aber erst nach einer Weile bedient, weil die Kneipe überfüllt war.

Die Männer waren zu sehr mit ihren Geschäften und ihren Verlusten beschäftigt, um über andere Themen zu sprechen, und schon bald brachen wir wieder auf; der Sohn des Hauses machte sich mit dem neuen Fohlen, das er an einem Halfter aus Stricken führte, auf den Heimweg.

Bald darauf brach auch ich auf. Von den Hügeln von Glen Car zog Regen heran, und die Luft war angespannt und still, während die Moormyrte, die in dieser Gegend üppig wächst, einen reichen, aromatischen Duft aussandte. Die vielen Pferde auf der Straße konnten das seltsame Gefühl von Einsamkeit, das über dieser braunen Moorebene hängt, die sich von Carrantuohill bis Cuchulainn's House hinzieht, nicht verbannen.

Ehe ich die Hütte erreichte, ergossen sich wilde Sturzbäche von Regen über die Täler und hingen wie weiße Tücher zwischen den Hügeln auf beiden Seiten der Straße.

* * *

Eines Morgens im Herbst nahm ich auf der ersten Etappe meiner Reise nach Dublin die Bahn, und dabei sah ich das Ende der Macgilliycuddyreeks, in denen an manchen Stellen ein wenig Schnee lag, Dingle Bay und die dahinterliegenden Inseln. An einem kleinen Bahnhof, wo ich umsteigen mußte, teilte ich den Wagen mit einer Frau und ihrer Tochter, einer jungen Frau von vielleicht zwanzig, die nervös und gequält wirkte. Als bald darauf der Schaffner unsere Fahrkarten sehen wollte, sagte ich, daß ich nach Dublin wolle, und als er den Wagen wieder verlassen hatte, sprach die Frau mich an.

»Sie fahren nach Dublin?« fragte sie.

Ich sagte, das stimme.

»Also«, sagte sie dann, »meine Tochter fährt auch dorthin; und vielleicht könnten Sie sich um sie kümmern, ich steige nämlich am nächsten Bahnhof aus. Sie muß wegen einer kleinen Ohrengeschichte ins Krankenhaus; sie ist noch nie verreist und fürchtet sich deshalb.«

Ich versprach, mein Bestes zu tun, und beim nächsten Bahnhof wurde ich mit meiner Schutzbefohlenen und einem anderen Fahrgast allein gelassen, mit einer Frau, die aus Amerika zurückgekommen war und nun nach Mallow fuhr, um dort in den Zug nach Queenstown umzusteigen. Sie war von ihren barfüßigen, in ihre Umschlagtücher eingehüllten Schwestern zur Bahn gebracht worden. Die junge Frau brach, als ihre Mutter nicht mehr zu sehen war, in Tränen aus, und die heimgekehrte Amerikanerin und ich mußten uns alle Mühe geben, sie zu trösten.

»Sehen Sie mich doch an«, sagte die Amerikanerin. »Ich gehe jetzt wieder für zehn Jahre nach Amerika, ganz allein, und mir macht das überhaupt nichts aus.«

Als die andere sich beruhigt hatte, unterhielt ich mich mit der Amerikanerin über Landschaft und Politik und Kunst und über das Leben der Frauen in Amerika.

An mehreren Bahnhöfen drängten sich junge Frauen und Männer in den Zug, die alle nach Queenstown wollten und Gruppen von alten Männern und Frauen, die vor Kummer heulten, auf dem Bahnsteig zurückließen. Einmal wurde eine alte Frau von dermaßen leidenschaftlichem Schmerz überwältigt, als sie ihre Tochter von immer von ihr weggehen sah, daß sie dem Zug wie besessen hinterherjagte; als ich kurz aus dem Fenster schaute, sah ich, daß zwei Männer sie an den Armen festhielten, während sie mit den Haaren im Gesicht und wild um sich schlagend auf dem Bahnsteig stand.

Zwei junge Männer, die nur einige Stationen weit fuhren, sahen sich das alles mit größter Befriedigung an.

»Wirklich«, sagte der eine, »es macht einen Heidenspaß, jeden Freitag und Samstag die alten Frauen auf den Bahnhöfen jammern zu sehen.«

Als wir Dublin erreichten, verließ ich meine Schutzbefohlene für einen Moment, um mich um mein Gepäck zu kümmern, und fand sie bei meiner Rückkehr auf einem Gepäckkarren, mit ihrem Gepäck in der Hand. Sie weinte vor Verzweiflung, weil mehrere Kutscher sie abgewiesen hatten, unter dem Vorwand, sie fürchteten sich vor Ansteckung.

Ich wußte, daß die Kutscher nach reichen Touristen mit viel Gepäck Ausschau hielten, was eine lukrativere Fuhre gewesen wäre, und deshalb ließ ich den Obersten Dienstmann rufen, der für diesen Bahnsteig zuständig war. Als er gekommen war, suchten wir ihr eine Droschke aus, und ich sah, daß meine Schutzbefohlene zum Krankenhaus gefahren wurde; sie saß auf dem Vordersitz und hielt sich ihr Taschentuch an die Augen.

* * *

Seit einigen Tagen – ich wohne in der Hütte in Kerry, von der ich schon erzählt habe – reden die Leute von den Pferderennen, die nicht weit entfernt am Strand abgehalten werden sollen, und heute morgen habe ich mich mit meinen Gastgebern und zwei Nachbarn auf den Weg dorthin gemacht. Unser Weg führte uns eine Viertelmeile einen steilen Weg hoch, dann folgten wir einem Pfad zwischen den Klippen und einem grasbewachsenen Hügel. Nach einiger Zeit zeigte der alte Mann auf einen Hang vor uns, wo, wie er sagte, Diarmuid sein Kunststück begangen hatte, das Faß zu rollen, mit Hilfe seiner Speere über den Zaun zu springen und viele seiner Feinde zu töten. Er erzählte mir diese vertraute Geschichte in allen Einzelheiten, hielt sich aber ungefähr an die Version, die alle kennen. Ein Stück weiter zeigte er zu unserer Linken übers Meer – etwas hinter dem Strand, wo die Rennen stattfinden sollten – auf einen sandigen Buckel, wo, wie er sagte, Oisín ins Tir-na-nÓg, ins Land der ewigen Jugend, entrückt worden sei.

»Das Tir-na-nÓg«, sagte er, »liegt hinter diesem Meer; vor einiger Zeit waren zwei Männer nachts mit dem Boot draußen, und sie konnten aus irgendeinem Grund nicht zurück. Also schliefen sie erst einmal, und als einer von ihnen aufwachte, schaute er ins Wasser. Da sah er das Tir-na-nÓg und Menschen, die umherliefen, und auf den Plätzen Pferdekarren.«

Dann erzählte er mir Geschichten über Nixen – ein beliebtes Thema hier in der Gegend.

»Einmal lebte da hinten ein Mann namens Shee«, sagte er, »und sein Herr hatte am Strand eine Nixe gesehen, die sich die Haare kämmte, und er befahl Shee, die Nixe zu holen. »Das mache ich«, sagte Shee, »wenn Ihr mir das beste Pferd aus Eurem Stall gebt.« – »Das soll geschehen«, sagte der Herr. Dann holte Shee das Pferd, und als er sah, daß die Nixe am Strand ihre Haare kämmte, während ihr Nixenhemd ein Stück entfernt lag, ritt er eilends hin, als sie gerade nicht hinschaute, nahm sich das Nixenhemd und galoppierte damit von dannen. Dann wurden die Wellen in seinem Rücken höher und höher, und er ritt, so schnell er konnte, und als er gerade auf dem Höhepunkt der Flut herauskam, wurde der hintere Teil seines Pferdes von der neunten Welle abgeschnitten und er und sein halbes Pferd und das Nixenhemd befanden sich auf trockenem Boden. Die Nixe kam ins Haus, um ihr Nixenhemd zurückzubekommen, und der Herr heiratete sie, und sie lebte lange bei ihm, und sie hatten Kinder, drei oder vier. Also, jedenfalls, am Ende baute der Herr ein schönes neues Haus, und als er beim Umzug aufräumte und aussortierte, holte er einen alten Packkorb vom Dachboden und stellte ihn auf den Hof. Die Frau kam gerade vorbei und warf einen Blick in den Korb; ganz unten entdeckte sie ihr Nixenhemd. Sie zog es heraus, streifte es über und ging wieder ins Meer, und ihre Kinder standen danach oft am Strand und weinten nach ihr. Ich habe gehört, daß seit jenem Tag dort kein Shee mehr mit dem Boot hinausfahren kann, ohne zu ertrinken.«

Wir hatten jetzt die Dünen fast erreicht, dort strömte eine Menschenmenge zusammen, und Buden wurden für den Verkauf von Äpfeln und Porter und Keksen aufgestellt. Vor kurzem war in einem ungefähr eine Meile entfernt gelegenen Bahnhof ein Zug eingelaufen, und etliche von den üblichen Gauklern mit ihren üblichen Geräten eilten nun zum Strand. Der Roulette-Mann überholte uns als erster und klappte seinen Tisch auseinander:

»Schaut nur, wie die Kugel rollt,
hier verliert ihr nichts, hier gewinnt ihr Gold!«

»Merken Sie sich, Gentlemen, ich bin hergekommen, um ein Vermögen auszugeben, nicht, um eins zu verdienen. Möchte nun irgendein Sportsmann in Hut oder Mütze, einer Perücke oder einer Weste mit mir spielen? Merken Sie sich, Gentlemen, das Glück ist auf Ihrer Seite.«

Die Rennen sollten bei Ebbe stattfinden, wenn der Strand trocken war, und deshalb war nicht sehr viel Zeit zu verlieren. Ehe wir den Strand erreichten, waren die Pferde zusammengeführt worden. Geritten wurden sie von jungen Männern in sehr variationsreicher Jockeykleidung. Am ersten Rennen nahm ein sehr altes, knochiges Rennpferd teil und zwei oder drei junge Pferde, die Bauern aus der Nachbarschaft gehörten. Die Startlinie verlief mitten in der Menschenmenge am Anfang des Strandes, dann ging es am Meer entlang zu einem Pfosten in einiger Entfernung, dann wieder zurück zur Startlinie, um einen Posten herum, wieder am Meer entlang und dann noch einmal zurück.

Beim Startsignal stürzten die Pferde wild durcheinander den Strand entlang, und die Menschenmenge auf den Dünen jubelte ihnen zu. Als sie in der Ferne kleiner wurden, war es schwer zu sagen, welches Pferd vorne lag, aber nachdem sie den Pfosten umrundet hatten und sich wieder, nur wenig von den Wellen entfernt, näherten, lag das heftig bedrängte alte Pferd doch eine gute Länge vorne. Die Helfer gaben sich alle Mühe, die Menge vom zweiten Pfosten zu vertreiben, aber viel Erfolg hatten sie nicht, da die Zuschauer vor Aufregung außer sich waren. Gleich darauf galoppierte das alte Rennpferd in die Menge, drehte zu plötzlich ab, etwas brach und bebte, und dann hinkte es auf drei Beinen weiter und keuchte vor Schmerz. Das nächste Pferd ließ sich nicht anhalten und galoppierte kurz hinter der Menge, ehe es wieder auf den Weg gebracht werden konnte, dann machten sich die letzten Pferde bereit zum Endspurt.

Das lahme Rennpferd wurde jetzt von schwätzenden Zuschauern und Ratgebern umringt.

»War der Jock daran schuld?« fragte einer.

»Nein«, sagte ein anderer. »Denn Michael (der Besitzer) hat ihn nicht geschlagen, und der hätte ihm doch die Knochen gebrochen, wenn das seine Schuld gewesen wäre.«

»Er wollte einem jungen Mädchen ausweichen, das ihm in den Weg gelaufen war«, sagte noch jemand. »Und deswegen ist er so scharf abgebogen.«

»Die kleine Dirne«, sagte eine Frau. »Was hatte die denn dahinten zu suchen?«

Viele Heilmethoden wurden vorgeschlagen, die allesamt nicht sehr zuverlässig wirkten, und schließlich wurde das Pferd in hoffnungslosem Zustand davongeführt. Bald darauf endete das Rennen mit einem leichten Sieg für das wildeste junge Pferd. Danach wanderte ich zwischen den Leuten umher und sah mir die Spiele an. An einer Stelle stand ein Mann, dessen Gesicht bis auf eine Wange und ein Auge tiefschwarz war – und das ergab eine außergewöhnliche Wirkung –, hinter einem Brett mit einem großen Loch in der Mitte und hielt einem hölzernen Ball stand, drei Würfe zu einem Penny. Als ich eine halbe Stunde später noch einmal vorbeikam, war er am Mund getroffen worden – von einem Mädchen, wie mir erzählt wurde –, aber er sah genauso fröhlich aus wie zuvor.

Auf der Straße tanzten junge Männer und Mädchen in einer Staubwolke zur Musik eines Melodeons Polka. Als ich eine Weile zugesehen hatte, traf ich ein paar Mädchen, die ich kannte, und ich fragte, was sie so machten.

»Wir machen gar nichts«, sagte die eine, »wir waren jetzt zwei Stunden bei den Rennen und haben keine Kavaliere gefunden, die uns begleiten.«

Nach den eigentlichen Rennen folgte noch eines mit Ponies, und das belustigte die Leute sehr, denn diese Pferdchen – es waren etliche – fürchteten sich vor dem Geschrei und stürzten wild in alle Richtungen davon. Es war nicht leicht, den Gewinner zu küren, und ein Disput folgte, der fast mit einer Prügelei geendet hätte. So wurde beschlossen, das Rennen am nächsten Sonntag nach der Messe zu wiederholen, und damit waren alle zufrieden.

Es war ein wunderbar heller Tag, die zehn Meilen der Dingle Bay glitzerten aufs schönste im Hintergrund der Menschenmenge und der Segeltuchbuden und den Dutzenden von umgedrehten Karren. Gegen Abend mochte ich den Porter, den meine Freunde mir immer wieder aufzudrängen versuchten, weder ablehnen noch weiter annehmen, also verließ ich den Rennplatz und ging über den Pfad, auf dem Diarmuid die Fenier überlistet hatte.

Später an diesem Abend verbreiteten sich die Nachrichten über die Ereignisse in den Dünen, als der Porter seine Wirkung entfaltete und es langsam dunkel wurde.

»Es war noch ganz großartig, nachdem Sie weg waren«, erzählte mir an diesem Abend in der Hütte ein Mann. »Alle prügelten oder stachen am Strand aufeinander ein. Vier Männer rauften sich an einer Stelle, bis die Flut sie erreichte und fast ertränkt hätte, aber der Pfarrer ging bis zur Taille ins Wasser und trieb sie auseinander. Ein anderer Mann wurde für tot gehalten und auf der Straße vor den Kutscherhäusern liegengelassen; ein Gentleman fand ihn und ließ ihn in sein Haus bringen und den Arzt holen, der klebte dem Mann Pflaster auf den Kopf. Einem rothaarigen Burschen wurde der Finger abgebissen, und der Briefträger wurde für immer zum Krüppel.«

»Das wundert mich nicht«, sagte der Hausherr, »schließlich hat ihm Michael Patch den Karrensitz auf seinem Kopf in drei Teile zerschlagen.«

»Und das alles kam daher«, sagte Danny-Boy, »daß sie den Porter von Osten und von Westen gebracht haben, aus den beiden Städten, ihr wißt schon, und die beiden Porters paßten nicht zusammen, und deshalb hatten die Leute bei Einbruch der Dämmerung schon den Verstand verloren.«

Ich war draußen bei Bolus Head, eine der schönsten Stellen, die ich je gesehen habe. Ein Stück hinter Ballinskelligs führt die Straße einen steilen Hügel hoch, und von dort aus kann man ein sehr schönes Stück Meer sehen, mit vielen Felsen und Inseln – Deenish, Scariff, Hog's Head und in der Ferne Dursey. Als ich am Straßenrand saß, kam ein alter Mann vorbei, und wir kamen ins Gespräch. Er konnte nur wenig Englisch, aber als ich es auf Irisch versuchte, kamen wir gut zurecht, obwohl ihm die Connacht-Formen, die mir aus Versehen dazwischenkamen, fremd waren. Nach einer Weile gingen wir in ein außergewöhnlich weit verstreut liegendes Dorf am Hang. Er blieb vor einer Hütte stehen und lud mich ein, drinnen einen Schluck zu trinken und mich auszuruhen. Ich mochte ihm das nicht abschlagen, und deshalb folgte ich ihm ins Haus und setzte mich auf einen Hocker, während seine Frau – die viel jünger war als er – mir aus dem Schlafzimmer einen großen Becher Milch holte. Als ich die Milch trank und mich mit den beiden unterhielt, fing ein Sack neben dem Feuer an, sich langsam zu bewegen, dann lugte der Kopf eines gelben, fiebrig aussehenden Kindes hervor und starrte mich an. Ich fragte die Frau, was dem Kind fehle, und sie sagte, es klage seit ein oder zwei Nächten über Kopfweh und Schmerzen im ganzen Körper; aber sie habe den Arzt noch nicht gerufen und wisse nicht, was los sei. Ich trank ohne großes Vergnügen meine Milch aus und ging weiter nach Bolus Head und dann wieder nach Hause und fragte mich die ganze Zeit, ob ich nun wohl den Typhuserreger im Blut haben könne.

Gestern abend, als ich wieder in der Hütte eintraf, war ein weiterer »Reisender« eingetroffen und wollte ein oder zwei Nächte bleiben; aber er war schwerhörig und ein wenig einfältig, und deshalb sprachen wir kaum miteinander. Ich ging bald nach Einbruch der Dunkelheit ins Bett und schlief bis etwa zwei Uhr morgens, dann wurde ich durch entsetzliches Geschrei in der Küche geweckt. Einen Moment lang wußte ich nicht, wo ich war, dann fiel mir der alte Mann ein, und ich sprang aus dem Bett und trat an meine Zimmertür. Als ich sie öffnete, hörte ich, daß auch die Schlafzimmertür der Familie gegenüber aufging und daß die Leute ängstlich tuschelten. Gleich darauf konnten wir hören, wie sich der alte Mann, der auf der Küchenbank schlief, aus einem Albtraum befreite, worauf wir wieder ins Bett gingen.

Am nächsten Morgen erzählte die Frau mir seine Geschichte:

»Er lebte allein oben am Hang«, sagte sie, »in einer winzigen Hütte, zusammen mit seiner Schwester. Nach einer Weile hatte sie es dann mit dem Herzen, und er holte ihr beim Arzt Medizin und stand jeden Morgen in aller Herrgottsfrühe auf, um ihr einen Löffel zu geben. Es ging ihr dann auch besser, bis er eines Nachts aufstand und ihr den Löffel oder was auch immer geben wollte und sie tot im Bett fand. Seither wacht er nachts manchmal auf, und dann ruft er nach Maurya – so hieß seine Schwester –, und das halb im Schlaf. Das haben Sie heute nacht gehört, und es kann wirklich allen angst und bange machen, wenn er schreit, als müsse er gleich sterben.«

Als der Mann nach einer Weile wieder einmal da war,

wurde er solange ausgefragt, bis er die ganze Geschichte erzählte und dabei jämmerlich weinte. Dann brachten sie ihn dazu, in seinem ziemlich kindlichen Gälisch vom anderen großen Erlebnis seines Lebens zu erzählen.

Er hatte einmal einen kleinen Köter gehabt, erzählte er, und er hatte noch nie von der Hundesteuer gehört; eines Tages fragten ihn die Polizisten – die Jungs mit den kleinen Kappen –, ob er nicht bei ihnen auf der Wache eine Tasse Tee trinken wolle. Fröhlich nahm er an, dann sperrten sie ihn und seinen kleinen Hund in die Arrestzelle, bis jemand einen Shilling für den Hund bezahlte und ihn damit freikaufte.

Er hat einen alle paar Zoll mit Lederstücken umwickelten Stock, auf den er sehr stolz ist und wie ich ihn auch schon in Belmullet bei einem Bettler gesehen habe. Seit dieser ersten Nacht ist sein Albtraum nicht wiedergekehrt, und er verbringt die Abende zumeist schlafend auf der Küchenbank. Morgens geht er dann von Haus zu Haus und bekommt seinen Anteil an Schrotmehl und Kartoffeln.

Ich glaube nicht, daß in Kerry jemals ein Bettler abgewiesen wird. Manchmal, wenn wir uns unterhalten oder einfach in der Küche beschäftigt sind, kommt schweigend ein Mann herein, steht neben der Tür und stellt seinen Sack neben sich auf den Boden. Nach fünf oder zehn Minuten, wenn die Frau des Hauses gerade einen Moment Zeit hat, geht sie zu ihm und fragt: »Soll es Schrotmehl oder Mehl sein?« – »Mehl«, antwortet der Mann. Dann geht sie in die Vorratskammer, öffnet ihren Sack und bringt ihm zwei Handvoll. Er öffnet seinen Beutel und zieht ein Bündel heraus, das sorgfältig in ein Stück Stoff oder ein Taschentuch eingebunden ist; das wiederum öffnet er, und zumeist steckt darin noch ein Stück Stoff. Darauf gibt die Frau ihm das Mehl. Dann werden die Tücher sorgsam wieder an den Ecken verknotet und im Beutel verstaut, der Mann murmelt »Gott segne dich« und zieht weiter.

Schrotmehl, Mehl und Kartoffeln, die auf diese Weise gesammelt werden, werden von dem Bettler immer verkauft, das Geld gibt er für Porter oder gebrauchte Kleidung, sehr selten auch für Lebensmittel aus, wenn er sich in einer wenig gastfreundlichen Gegend befindet. Seine Kundschaft findet er zumeist bei den Frauen der Küstenwache oder in den kleinen Schenken am Straßenrand.

»Einige dieser Männer«, sagte die Frau des Hauses, als ich mich nach ihnen erkundigte, »halten ihr Mehl sauber und schmackhaft und rein, andere werfen alles durcheinander, und Sie würden es nachher bereuen, davon gegessen zu haben.«

Manchmal kann einen das Gerede dieser Leute verblüffen. Ich war schon so oft in dieser Hütte, und oft dachte ich, alles gehört zu haben, was sie zu sagen haben, und dann macht irgendwer eine Bemerkung, die zu einem ganzen neuen Bündel von Märchen oder Geschichten über wundersame Ereignisse führt, die sich in den letzten hundert Jahren in dieser Baronie zugetragen haben. An diesem Abend waren alle ungewöhnlich still, obwohl einige Nachbarn hereingekommen waren, und um ein Gespräch in Gang zu bringen, ließ ich eine Bemerkung über spanischen Stierkampf fallen, worüber ich kürzlich in der Zeitung gelesen hatte. Sofort begannen sie Geschichten zu erzählen über tückische oder starke Bullen, dann schweiften sie zu klugen Hunden und allem, was diese in West Kerry geleistet haben, ab, und zu tollen Hunden und Rinder- und Schweinewahnsinn – eine Anekdote nach der anderen, aber jede detailliert, pittoresk und interessant.

* * *

Oft fühlen wir uns klein und sind enttäuscht, wenn wir an einen Ort zurückkehren, der unsere Erinnerung und unsere Phantasie beschäftigt hat, und erst ein oder zwei Tage später können wir ihn wieder genießen. Heute morgen aber, als ich durch die Schlucht zwischen dem Croagh Martin und dann zurück zum Slea Head ging und Innishtooskert und Inishvickillaun und die Große Blasket Insel sah, kamen sie mir zehnmal so grau und wild und großartig vor als je in meiner Erinnerung. Das kalte Wasser, die Brandung, das Gefühl von Wasser in den Wolken, die schwarzen Felsen und überall der rote Farn waren wieder und wieder eine aufregende Überraschung.

Unterwegs begegneten mir ab und zu alte Männer in Fräcken aus Fries, die man heutzutage immer seltener sieht. Wenn ich sie auf Englisch ansprach, schüttelten sie den Kopf und murmelten etwas, das ich nicht verstehen konnte; wenn ich es jedoch mit Irisch versuchte, hielten sie mir lange Reden über das Wetter und den klaren Tag.

Als ich abends nach Hause kam, bot sich mir ein Anblick, der das ganze Wesen von Corcadhuibhne einzufangen schien – eine kurze Reihe niedriger Hütten mit gelben Dächern, daneben ein blattloser, alter Baum, und dies alles vor einem hohen Berg, der weit entfernt schien und doch nah genug war, um seine leuchtenden, wunderschönen Farben zu sehen.

Dann wanderte ich um die eindrucksvollen Forts von Fahan herum. Das Blau der See und das Blau der Hügel zwischen Carrantuohill und den Skelligs, die einzigartige Einsamkeit des Hangs, auf dem ich mich befand und wo nur einige Dohlen und Möwen zu sehen waren, waren so überwältigend, daß es mich fast traurig machte.

An diesem Abend ging ich in die kleine Schenke, wo Maurice – der Fischer, den ich schon erwähnt habe – und einige seiner Freunde oft sitzen, wenn das Meer zu wild ist, um zum Fischen zu fahren. Während wir uns unterhielten, kam ein Mann herein und mischte sich sofort in unser Gespräch ein, obwohl ich sehen konnte, daß er nicht von hier war. Er wechselte mehrere Male den Platz, bis er dicht bei mir saß, dann flüsterte er: »Geben Sie mir wohl einen aus, Mister? Ich bin im Moment ziemlich abgebrannt.« Als er seinen Whiskey bekommen hatte, fing er an, mir seine Geschichte zu erzählen. Er war ein wandernder Schneider, der seit etwas über einem Jahr hier am Ort weilte, und langsam lernte er genug Irisch, um sich zurechtzufinden. Als er gegangen war, sprachen wir lange über den Bau von *Currachs* und die Unterschiede zwischen den Booten von Connacht und denen von Munster.

»Hier gibt es sie erst seit zwanzig oder fünfundzwanzig Jahren«, sagte Maurice, »vorher hatten wir Boote; ein

Kanu kostet zwölf oder vielleicht dreizehn Pfund, ein alter Mann hier verlangt sogar fünfzehn. Ein gutgebautes Kanu hält acht Jahre, man kann es neu mit Haut überziehen lassen, wenn die erste verschlissen ist.«

Ich sagte, ich habe geglaubt, in Connemara habe es seit Anbeginn der Welt Kanus gegeben.

»Das kann schon sein«, sagte er, »denn ein Mann hier arbeitete als Lotse, er war oft in Clare, und er hat hier die ersten Kanus gebaut. Das ist ein Handwerk, das nur wenige lernen können, denn alles steckt dabei im Kopf; man muß sich hinsetzen und sich alles ausdenken, dann fängt man an zu arbeiten.«

Ich beschrieb die festen Dollen, die in Connacht üblich sind – hier benutzen sie zwei freibewegliche Dollen, in denen das Ruder lose hängt, und sie spotteten über die Einfachheit des Systems von Connacht. Danach verglichen wir die Vorzüge von Kanus und Booten.

»Kanus sind nicht besser als Boote«, sagte Maurice, »aber sie sind nützlicher. Um ein schweres Boot in Gang zu bringen, muß man bis zum Bauch ins Wasser gehen, und dann sitzt man die ganze Nacht naß darin herum; ein Kanu dagegen schwimmt schon auf einer Handvoll Wasser, und deshalb kann man trocken hineinsteigen und bleibt die ganze Nacht über trocken und warm. Und bei sieben Männern in einem großen Boot werden die Fische durch sieben geteilt; in einem Kanu dagegen sitzen bloß drei Männer, und die Fische werden durch drei geteilt, obwohl die Netze in beiden Fällen gleich groß sind.«

Nach einer Weile, als ein Mann ein Lied sang, unterhielten wir uns über Melodien und Geigenspiel, und ich erzählte ihnen, wie schwer es sei, in einer Hütte mit Lehmboden und Strohdach einer Geige auch nur einen Ton zu entlocken.

»Das glaube ich gern«, sagte einer der Männer. »Vor einiger Zeit wollte sich in Tralee einer eine Geige kaufen; als er in den Laden kam, folgte ihm dabei ein alter Geiger, der sich dachte, er könne sich vielleicht das Geld für ein Pint verdienen. Nun ja, der Mann stand also im Laden und sah sich die Geigen an, es waren vielleicht vierzig, und der alte Geiger flüsterte ihm zu, er solle mit einer nach draußen gehen, ›denn viele Geigen klingen hier drinnen gut und sind draußen nichts wert‹, sagte er, und deshalb ging er mit jeder Geige aus dem Laden und wieder hinein, bis er eine gute gefunden hatte.«

Nach einem Tag mit strömendem Regen klarte es an diesem Tag für eine Stunde auf, und ich ging aus dem Haus, als die Sonne über einer kleinen Bucht mit wildbewegtem Wasser unterging. Als ich zurückkam, wurde es schon dunkel, nur im Westen nicht, wo die Wolken noch einen roten Rand hatten. Im Gegenlicht konnte ich dürftig ausgebesserte Mauern und kleine Felder mit Garben und ein Stück Weg sehen, auf dem ein alter Mann Kühe vor sich her trieb. Und das alles kam mir unbeschreiblich verklärt vor.

Dann kam ich an zwei Männern vorbei, die auf ungesattelten Pferden nach Westen ritten und die mich auf Irisch ansprachen; bald darauf erreichte ich das einzige Dorf, das auf meinem Weg lag. Es befand sich auf einer Anhöhe, und als ich näher kam, sah ich, wie aus jeder

Hütte graue Rauchschwaden zu den tiefhängenden Wolken hinaufzogen und sich scharf vor den schwarzen Bergen hinter dem Dorf abzeichneten.

Vorbei an den feuchten Hütten, hatte ich noch ein Stück einsamer Straße hinter mich zu bringen, vor mir flatterte ein Reiher; immer wieder erhob er sich, einsame Schreie ausstoßend, und ich war froh, als ich das kleine Gasthaus bei Smerwick erreichte.

IN CONNEMARA

VON GALWAY NACH GORUMNA

Einige der weitaus zu dicht besiedelten irischen Bezirke – über die soviel Widersprüchliches geschrieben und gesagt worden ist – liegen an der Nordküste der Galway Bay und überhaupt an der ganzen Küste zwischen Spiddal und Clifden. Ein Stück entfernt verläuft im Binnenland eine Bahnlinie, in der Bucht verkehrt ein Dampfer zwischen Galway und den Aran Inseln; diese Gegend hier jedoch erreicht man nur, wenn man an die dreißig oder vierzig Meilen auf einer erbärmlich schlechten Straße fährt oder reitet. Wer von Galway aus dieser Straße folgt, erreicht schon bald Orte und Menschen, die wirklich typisch für Connemara sind. Auf jeder Straßenseite sehen wir kleine, quadratische Hafer- oder Kartoffelfelder oder Weiden, unterteilt durch lose Steinmauern, die ohne Mörtel errichtet worden sind. Wenn ein paar Hütten in Straßennähe liegen, sehen wir barfüßige Frauen hin und her eilen, die Kiepen voll Torf oder Gras auf dem Rücken tragen und hinter denen ein paar Kinder herlaufen. Wenn gerade Markttag ist, und an dem Tag, über den ich schreiben möchte, war das der Fall, dann überholt man Scharen von Landvolk, das in niedrigen, von Eseln oder Ponys gezogenen Karren zum Markt fährt. Meistens sitzen vorn auf dem Karren ein oder zwei Männer, lenken und rauchen, und hinter ihnen strecken sich zwischen Säcken voll Mehl oder jungen Schweinen Frauen aus, die fast immer ununterbrochen auf Gälisch aufeinander einreden. Die Männer tragen alle grobe Stoffe aus selbstgesponnener, naturgrauer

Wolle, die Frauen mit Krapp gefärbte Unterröcke und Mieder und braune Umschlagtücher über dem Kopf. Der erste Eindruck, der einen überkommt, wenn man diese Leute sieht und sich gewissermaßen einen Platz sucht in dieser Prozession aus Fischern, Bauern und Frauen, wo fast alle interessant und attraktiv sind, ist ein Grauen vor jeglicher Reform, die ihre Individualität verringern könnte, ohne jedoch die Hoffnung auf eine Verbesserung ihres Befindens mit sich zu bringen. Ein wenig später hat man vielleicht das Gefühl, daß es einen Teil von Irlands Unglück ausmacht, daß fast alle Charakteristika, die dem irischen Leben Farbe und Attraktivität verleihen, untrennbar mit sozialen Verhältnissen verknüpft sind, die an Armut grenzen, während in Ländern wie der Bretagne die besten sichtbaren Züge des lokalen Lebens – die reichbestickten Kleider, zum Beispiel, oder die geschnitzten Möbel – ein anständiges, behagliches Leben zum Ausdruck bringen.

Ungefähr zwölf Meilen hinter Galway erreicht man Spiddal, ein Dorf an der Grenze zwischen den einigermaßen wohlhabenden Orten in der Nähe von Galway und dem kargen Land weiter im Westen. Wie die meisten Dörfer seiner Art besteht es aus einer doppelten Reihe von Häusern – einige sind zweistöckig –, mehreren Schenken, zwischen denen eine große Polizeiwache liegt, einer etwas abseits liegenden Station der Küstenwache und – am Anfang und am Ende des Dorfes – einer Kapelle und einer Kirche. Wir erreichten Spiddal am Abend, und kurz nach Sonnenuntergang spazierten wir auf einen den Elementen ziemlich ausgesetzten Anleger, wo verwitterte Fischerboote mit zahlreichen Tauen festgemacht waren. Von der Mannschaft war niemand zu sehen, aber Rauchfäden, die aus den offenen Einsteiglöchern vorn aufstiegen, ließen vermuten, daß die Männer doch an Bord waren. Während wir vom Pier aus auf die Boote hinunterblickten – es war gerade Ebbe –, schaute ein alter, grauhaariger Mann mit entzündeten Augen, die wegen des dauernden Torfbrennens hier so häufig auftreten, durch das Einsteigloch hoch und betrachtete uns mit ausdrucksloser Neugier. Gleich darauf kam ein junger Mann von einem Feld mit Dammerde, wo er einen Entwässerungsgraben gegraben hatte, und bat den alten Mann auf Gälisch um »einen Funken für seine Pfeife«. Der Alte verschwand für einen Moment, dann erschien er mit einem schwelenden Stück Torf in der Hand und warf es auf den Pier, wo der junge Mann es mit raschem Griff, ohne sich zu verbrennen, packte, drauf blies und somit eine Flamme entfachte, mit der er seine Pfeife ansteckte und wieder an seine Arbeit ging. Die Leute hier sind so arm, daß viele kein Geld für Streichhölzer ausgeben. Die Torfstücke werden im Kamin rund um die Uhr am Schwelen gehalten, und wenn jemand zum Fischen oder aufs Feld geht, nimmt er normalerweise ein brennendes Stück Torf mit und bewahrt es den ganzen Tag über in Asche oder irgendeinem trockenen Abfall auf, um es bei Bedarf entzünden zu können. Auf dem Rückweg ins Dorf bettelte uns eine alte Frau auf Englisch an, wie die meisten Leute hier, wenn sie erkennen, daß man kein Einheimischer ist. Wir gaben ihr einige Halfpence, und als sie sich mit dem üblichen »Gott schütze Sie« abwandte, verabschiedete ich mich auf Irisch von ihr, um ihr zu zeigen, daß ich ihre Sprache beherrsche, falls sie mit mir reden wolle. Sofort fuhr sie zu mir herum und bedankte sich noch einmal, diesmal außergewöhnlich überschwenglich. »Der Segen Gottes möge auf Ihnen ruhen«, sagte sie, »auf Straße und Kammweg, zu Wasser und zu Lande, auf dem Fluß und dem Berg, in allen Königreichen dieser Welt«, und so weiter, bis ich zu weit weg war, um noch zu hören, was sie sagte.

In einem Ort wie Spiddal kann man seltsam kuriose Typen sehen, vor allem an Sonn- und Feiertagen, wenn sich alle so gut anziehen, wie es ihnen richtig erscheint und wie ihre Mittel es erlauben. Als ich am Morgen nach unserem Eintreffen die Leute aus der Messe kommen sah, war das erstaunlich auffällig zu beobachten. Zuerst kamen Polizei und Küstenwache in ihren feschesten Uniformen, danach die Ladenbesitzer, die sich kleideten wie die Leute in Dublin, nur ein wenig grotesker; dann die wohlhabendere Landbevölkerung in der lokalen Tracht, die ich schon beschrieben habe, nur alles neu und vom Besten, die Träger gut genährt und gesund aussehend, und einige, vor allem die Mädchen, wirklich wunderschön gebaut; schließlich folgten die Armen in derselben Tracht, nur eben geflickt und fadenscheinig und zerlumpt, die Frauen zumeist barfuß, und beide Geschlechter waren vom Hunger gezeichnet oder von der Angst vor dem Hunger. Die Klasse, deren Zunahme man vor allem begrüßen würde, ist die der typischen Wohlhabenden, aber nur in wenigen Bezirken sind diese zahlreich vertreten, und immer eifern sie der Kleidung der Ladenbesitzer nach oder sinken wieder herab in die Klasse der Bettler.

Später an diesem Tag fuhren wir ein gutes Stück in Richtung Westen. Wie schon vorher war das Land, das wir durchquerten, zwar steinig und karg wie ein Steinbruch, aber nicht deprimierend. An jeder Straßenkreuzung kamen wir an Gruppen von jungen, gesund aussehenden Jungen und Männern vorbei, die sich mit Hurley und Hockey die Zeit vertrieben, und etwas abseits, auf kleinen Anhöhen, ein kleines Feld breit von der Straße entfernt, hatten sich die Mädchen versammelt, nahe genug an der Straße, um alles beobachten zu können, aber weit genug weg, um in ihrer Schüchternheit nicht verletzt zu werden. Ihre roten Kleider sahen besonders hübsch aus vor dem frischen Grün des Grases und des neuen Farns, dem Meer im Hintergrund und den Bergen von Clare in der Ferne. Ein Stück weiter, etwa zehn Meilen hinter Spiddal, schneiden die Meeresarme tief in die Berge, und die Straße biegt nach Norden ab, sie zu umgehen, und führt durch ein endloses, elendes Moor, das sehr viel trister aussieht als die Felsen an der Küste. Hier sehen wir zwischen dem Torf ab und an einige erbärmliche Schafe herumgrasen, und von Zeit zu Zeit gehen am Straßenrand eilig zerlumpte Menschen vorüber. Ehe wir für die Nacht Halt machten, hatten wir eine weitere Bucht erreicht und befanden uns wieder zwischen Felsen. Später an diesem Abend gingen wir auf einen kleinen Pier hinaus, an dem die übliche Versammlung von schäbigen Fischerbooten lag, dann folgten wir einer

Straße, die sich an einigen Stellen bis zu achtzig Meter über den Meeresspiegel erhob; und wenn wir nach unten blickten, sahen die kleinen Felder so winzig und felsig aus, daß der bloße Gedanke daran, sie zu bestellen, uns wie die Grille eines Exzentrikers erschien. Und doch drängten sich gerade hier am Straßenrand und an den Seitenwegen winzige Hütten zusammen, einige davon ohne Fenster, viele erbaut auf einer Steinfläche, mit dem nackten, lebendigen Fels als Fußboden. In ihrer Nähe waren immer wieder Menschen zu sehen, die Männer lungerten am Straßenrand herum, die Frauen liefen durch die Felder, fütterten ein vereinzeltes Kalb oder Lamm oder trieben vor Nachteinbruch einige Enten ins Haus. Dann sahen wir ein paar Jungen, die mit Hosenknöpfen Hockey spielten, ein Stück weiter entfernt ließen zehn junge Männer Esel über eine niedrige Mauer springen. Auf unserem Rückweg begegneten wir zwei Männern, die uns ansprachen, einer von ihnen hatte, wie wir seinem Hut und seinem Anzug ansehen konnten, offenbar nicht immer in Connemara gelebt. Bald erzählte er uns, daß er als Eisenbahnarbeiter in Gloucester und Bristol gewesen sei, er habe es aber satt bekommen und sei in sein Land zurückgekehrt.

»Bristol«, sagte er, »ist, glaube ich, die großartigste Stadt in ganz England, aber die Arbeit ist sehr hart.«

Ich erkundigte mich bei ihm nach den Fischereiverhältnissen in der Gegend. »Ach«, sagte er, »hier wird sehr wenig gefischt, wir haben nämlich keine guten Boote. Niemand hier will Boote haben, die Ladenbesitzer wollen lieber, daß die Leute unbeschäftigt sind, dann können sie sie für einen Shilling oder so pro Tag mieten und sie mit ihren alten Kähnen nach Aran und Clare schicken, um Torf zu verkaufen.« Dann sprachen wir über Aran, und er erzählte mir, wer von meinen Bekannten dort geheiratet hatte oder gestorben war, seit ich diese Inseln zuletzt besucht hatte, und dann gingen die beiden weiter.

ZWISCHEN DEN BUCHTEN VON CARRAROE

Nur in wenigen ländlichen Pfarreien in Irland ist die Bevölkerung im Wachsen begriffen, und diese Pfarreien liegen zumeist in den ärmsten Bezirken. Eines der seltsamsten Beispiele für diese Entwicklung finden wir in der Pfarrei Carraroe, die als ärmste im ganzen Land gilt, obwohl sich anderswo sehr viel schlimmere Fälle individueller Verelendung beobachten lassen. Der charakteristischste Teil dieser Gegend liegt auf einem langen Vorland zwischen Cashla Bay und Greatman's Bay. Überall entlang der Küste sieht man kleine Anleger, an denen vielleicht zwei Fischerboote vertäut sind, und auf der Straße kommt man bisweilen an flachen Stellen mit kleinen Flecken von Hafer- oder Kartoffelfeldern vorbei, wo ganze Familien auf den Knien liegen und Unkraut jäten. Ansonsten sehen wir kaum mehr als endlose Mengen von steinigen Anhöhen mit vereinzelten Grasadern. Hier und dort erblicken wir aber immerhin den einen oder anderen Binnensee mit ein oder zwei Inseln, vielen Möwen und vielen Hütten am Ufer. Einige davon stehen schon fast im Wasser, andere ein wenig weiter oben, eingepaßt zwischen die Felsen; oben auf dem Kamm schließlich zeichnen sich ein oder zwei Hütten vor dem blauen Himmel oder den Twelve Pins von Connacht ab.

Am Ufer eines dieser Seen in der Nähe einer Strick- oder Spitzenschule – einer von denen, die die Behörde für zu dicht besiedelte Gebiete eingerichtet hat – begegnete uns ein Mann, der eine Stute und ihr Fohlen vor sich hertrieb, die aus ihrem Pferch entwischt waren, obwohl er die Hinterbeine der Stute zusammengekettet hatte. Sobald er sie auf eines der Felder gebracht und aus losen Steinen eine Mauer errichtet hatte, kam er zu uns herüber und erzählte uns vom Aussterben der Connamara-Ponies. »Sie werden jetzt kaum noch echte Connemara-Ponies finden«, sagte er. »Und die Pferde, die sie uns schicken, um die Zucht zu verbessern, taugen überhaupt nichts, denn die Pferde, die wir mit ihnen züchten, werden nicht gedeihen, sie werden krank werden, weil wir nur so wenig Weideland für sie haben. In der letzten Zeit haben die meisten Leute in diesem Kirchspiel die Pferdezucht überhaupt aufgegeben. Wer noch welche hat, verkauft seine Fohlen, wenn sie an die sechs Monate alt sind, für vier oder vielleicht fünf Pfund; und die meisten hier arbeiten nur noch mit Eseln, die mit einem Tragegestell auf dem Rücken einiges transportieren können.«

»Wenn Sie keine Pferde haben«, fragte ich, »wie kommen Sie dann nach Galway, wenn Sie auf den Markt oder zur Kirmes wollen?«

»Übers Wasser«, sagte er, »mit einem der Fischerboote, die Sie sicher von der Straße aus bei den kleinen Anlegern gesehen haben. Sie können bei günstigem Wind in vier Stunden oder vielleicht noch weniger nach Galway segeln; und hier sind alle ans Meer gewöhnt, denn hier kann niemand leben, ohne in den Bergen Torf zu stechen und ihn in Clare oder Aran zu verkaufen. Sie sehen ja selber, daß der Boden nichts taugt, weil er fast nur aus Felsen und Steinen besteht. Vor zwei Jahren hatten wir einen verregneten Sommer, mit schlechten Kartoffeln und so, und den Leuten ging es vielleicht noch schlechter als jetzt; sie konnten nämlich keinen Torf stechen oder trocknen, um ihn auf der anderen Seite der Bucht zu verkaufen, und viele Frauen hatten kein einziges trockenes Stück, um es unter den Kochtopf zu legen, und sie zitterten vor Kälte und Hunger.«

Etwas später, nachdem wir uns über ein oder zwei andere Themen unterhalten hatten, fragte ich ihn, ob viele der Menschen, die hier in den verstreut liegenden Hütten wohnten, oft in wirklicher Not seien. »Einige wenige haben vielleicht immer genug«, sagte er, »aber die meisten geraten ab und zu in Not, wenn sie keine Vorräte mehr haben; und manche sind fast immer kurz vor dem Verhungern, wie eine Frau dort hinten, die sieben Kinder mit kaum einem Hemd am Leib hat, und sie haben nichts zu essen und nur die Milch einer Kuh und ein wenig Schrotmehl, das ihnen irgendwelche Nachbarn geben.«

»Sie sind ja schon etwas älter«, sagte ich, »erinnern Sie sich daran, ob die Verhältnisse in Ihrer Jugend schon genauso schlimm waren?«

»Damals war alles nicht einmal halb so schlimm«, sagte er, »weil es weniger Menschen und mehr Land für jeden gab, und auch das Land war besser, denn jetzt trocknet es aus oder was weiß ich, jedenfalls bringt es nicht mehr denselben Ertrag wie damals.«

Ich fragte ihn, ob sie gekauften Dünger verwendeten.

»Wir bekommen ab und zu für acht Shillinge einen Zentner, aber ich glaube, das bringt nicht viel, denn Leuten wie uns geben sie nur schlechte Sorten. In den alten Zeiten gab's noch etwas anderes«, fügte er dann hinzu, »und zwar das Brennen von *poitín* (schwarzgebranntem Whiskey), was ein sehr gutes Geschäft war, die Polizisten machten selber das Feuer an, um etwas zu trinken zu bekommen, und dann zogen sie ab mit den Resten eines alten Fasses, das war eine Beschlagnahmung, und mit einem alten Sack mit einer Handvoll Malz, das war noch ein Beweisstück, damit war dem Gesetz genüge getan; aber heute nehmen sie die Geräte und alles andere und wollen trotzdem noch jemanden festnehmen, und deshalb wird hier nur noch wenig gebrannt. Damals bekam man für eine Gallone zehn Shillinge, das war ein gutes Geschäft für arme Leute.«

Während wir uns noch unterhielten, kam eine Frau mit zwei Ferkeln vorbei, und das Gespräch drehte sich nun um Schweine.

»Wir kaufen Ferkel und ziehen sie groß«, sagte er, »aber dieses Jahr gibt es wenige, und sie sind teuer. Und wozu taugen sie in schlechten Jahren, denn wie sollen wir ein Schwein füttern, wenn wir nicht einmal für uns selber genug haben? In guten Jahren, wenn wir Kartoffeln und alles haben, können wir vielleicht zwei oder drei Schweine aufziehen und gut daran verdienen; in anderen Jahren aber zahlt ein armer Mann vielleicht ein Pfund für ein Ferkel, das dann nicht gedeiht, damit ist sein Pfund verloren und er kann seine Pacht nicht zahlen.«

Der alte Mann war fröhlich und schien recht wohlhabend zu sein; aber am Ende klang er mutlos, als er von einem Problem nach dem anderen erzählte, und deshalb fragte ich ihn, um das Thema zu wechseln, ob in der Gegend viel getanzt werde. »Nein«, sagte er, »heutzutage werden Sie hier keinen Dudelsackspieler mehr sehen, obwohl in den alten Zeiten so mancher hier oft ein Vierteljahr umherwanderte, Musik machte und *poitín* trank, und die Leute tanzten um ihn herum; aber jetzt wird hier überhaupt nicht mehr getanzt und gesungen, die meisten jungen Leute gehen nach Amerika, wenn sie erwachsen sind.«

Ich zeigte auf die Spitzenschule und fragte, wie die Mädchen arbeiteten und ob sie viel verdienten. »Ich habe gehört«, sagte er, »daß in den vier Schulen hier in der Gegend im Jahr an die sechshundert Pfund an Lohn gezahlt wird, das ist gar nicht schlecht; aber alle jungen Mädchen dort sparen, weil sie nach Amerika wollen, und warum sollten sie auch nicht?«

Das Schlimmste im Leben dieser Leute sind die häufigen Ausbrüche von Typhus, und ehe wir uns trennten, fragte ich ihn, ob es hier in der Gegend viele Fälle von Fieber gebe.

»Hier in nächster Nähe«, sagte er, »kommt das nicht sehr oft vor, aber es gibt auch Gegenden, wo wir manchmal von zwei Dutzend und mehr hören, die nur noch auf ihren Tod warten; aber ich nehme an, das ist Gottes Wille. Dann gibt es noch eine Krankheit namens Auszehrung, an der manche sterben; die Leute müssen überall auf die ein oder andere Art sterben, aber die meisten hier in der Gegend sind bei guter Gesundheit, gelobt sei Gott! Denn es ist eine gesunde Gegend mit reiner, frischer Luft.«

Dann erhob er sich und verließ uns mit einigen der üblichen Segenswünsche, und wir gingen weiter durch eine ähnlich arme oder noch ärmere Landschaft. Es ist bemerkenswert, daß hinter Spiddal – das heißt, in der allerärmsten Gegend von Irland – niemand mehr bettelt, nicht einmal indirekt. Viele der Beamte, die mit Arbeitsbeschaffungsmaßnahmen und ähnlichem zu tun haben, vergleichen die Bevölkerung dieses Bezirks zu ihrem großen Nachteil mit der von Donegal, aber zumindest in dieser Hinsicht schneidet Donegal durchaus nicht besser ab.

BEI DEN ARBEITS-BESCHAFFUNGSMASSNAHMEN

Hinter Carraroe, dem letzten Vorgebirge am Nordufer der Galwaybay, erreicht man eine Inselgruppe, die den unteren Winkel von Connemara bildet. Diese Inseln sind im Grunde eine lange Halbinsel, getrennt durch eine Anzahl kleiner Meerengen, über die vor etwa zwölf Jahren Dämme und Drehbrücken gebaut wurden, weshalb man nun geradewegs bis nach Annaghvaan, Lettermore, Gorumna, Lettermullan und zu ein oder zwei kleineren Inseln fahren kann. Wenn man von Osten her kommt, muß man einen langen Umweg um Greatman's Bay machen, danach biegt die Straße nach Südwesten ab, und schließlich erreicht man Annaghvaan, die erste Insel. Die Straße ist wirklich bemerkenswert. Fast jeder Meter wurde in den Jahren der Hungersnot von den Leuten aus der Gegend im Rahmen von Arbeitsbeschaffungsmaßnahmen, die auch jetzt wieder stattfinden, gebaut. Dabei kommt es an manchen Orten zu Verbesserungen, primitive Wege werden zu Straßen, hier und dort wird ein neuer Weg in irgendein abgelegenes Dorf angelegt.

Wir fuhren hinter Costello und Carraroe viele Meilen über eine seltsam anmutende Moorstraße, die auf einem Torfdamm angelegt wurde. Auf beiden Seiten waren breite Grassoden – vielleicht soll damit für die barfüßigen Leute ein Weg ermöglicht werden –, dann zwei Wege aus grob behauenen Steinen, in denen schon tiefe Wagenspuren zu sehen sind, und ein in der Mitte verlaufender sandiger Pfad für die Pferde. An einer Biegung erblickten wir dann über ein Dutzend Männer und Frauen, die verbissen und in aller Eile an der Verbesserung eines weiteren Straßenstückes arbeiteten; ein Vorarbeiter wanderte zwischen ihnen umher und leitete die Arbeiten an. Einige dieser Leute stachen in der Nähe der Straßen Grassoden aus, andere brachten in langsamer, träger Prozession Säcke voller Erde, einige wenige waren mit Steinhauen beschäftigt, und drei oder vier Frauen hoben ein Stück weit entfernt eine kleine Sandgrube aus. Als wir rasch an ihnen vorbeifuhren, konnten wir sehen, daß jeder Mann und jede Frau mit einer Verzweiflung arbeitete, die ausreichte, um sie für einen zufälligen Passanten aussehen zu lassen wie eine Bande von Sträflingen. Für solche Arbeiten erhalten sie im Schnitt einen Shilling pro Tag, und in der Regel wird pro Haushalt nur eine Person angestellt, meistens das Familienoberhaupt. Manchmal wird auf diese Weise der beste Arbeiter in der Familie von seiner normalen Arbeit als Bauer, Fischer oder Seetangaschebrenner fortgeholt und erhält nur diesen erbärmlichen Lohn, zu einer Zeit, zu der sein Fleiß zu Hause am nötigsten gebraucht wird. Wenn auch einiges zugunsten dieses Arbeitsbeschaffungssystems spricht, so ist es in anderer Hinsicht doch alles andere als zufriedenstellend, und es rentiert sich auch nicht immer. Mir wurde von einem Ort nicht weit von hier erzählt, wo ein Vorarbeiter, ein Aufseher, ein Inspektor, ein Zahlmeister und ein Ingenieur die Arbeit von zwei Bettlern beaufsichtigen. Diese Darstellung ist vielleicht übertrieben, aber es zeigt doch einigermaßen korrekt einen Zustand, der in Irland nicht selten zu finden ist.

Ein oder zwei Meilen weiter kamen wir an einer ähnlichen Gruppe von Arbeitern vorbei, gleich darauf stieg die Straße um einige Meter an und bog dann scharf auf einen langen Damm mit einer Drehbrücke in der Mitte ab, der auf die Insel Annaghvaan führte. Als wir die Brücke erreicht hatten, sprang unser Kutscher vom Bock und nahm seine Stute beim Kopf. Das hohle Geräusch ihrer Hufe auf den Brettern der Brücke und die blaue, ansteigende Flut, die sie durch die Spalten dazwischen sehen konnte, machten ihr angst, aber der Mann redete ihr gut zu und brachte sie ohne große Schwierigkeiten zum Weitergehen. Auf den nächsten ein oder zwei Meilen folgten kleine Inseln, Dämme und Brücken so dicht aufeinander, daß die Stute sich daran gewöhnte und munter hinübertrabte, bis wir Lettermore erreichten und dann einige Zeit zwischen den üblichen kleinen, steinigen Hügeln weiterfuhren. Dann erreichten wir den größten Damm von allen, den zwischen Lettermore und Gorumna, wo die Brücke über einen so schmalen Zwischenraum im Dammfundament führt, daß die Flut mit außergewöhnlicher Kraft hindurchströmt. Auf der Außenseite türmte sich vor den Brückenpfeilern das Wasser fast einen Meter hoch, auf der anderen Seite erinnerte eine sprudelnde, wirbelnde Strömung an Bergbäche voller Lachse, nur sahen wir hier statt des braunen Flußwassers den weißen und blauen Schaum des Meeres.

Die restliche Straße zum unteren westlichen Ende von Gorumna führte uns durch Hügelland, das durch die vielen Steine zusehends weißer aussah, obwohl wir auch hier und da braunes Moor oder einen langgestreckten See mit vielen kleinen Inseln und Felsen erblickten. Fast überall konnten wir, wenn wir uns ein Stück von der Straße entfernten und um die Hügel herum schauten, die gelben Dächer und weißen Giebel der Hütten sehen, die überall in dieser Steinwüste verstreut stehen; und an jedem Hang sahen wir die roten Kleider der Frauen, die Torf stachen oder nach Schafen und Kälbern Ausschau hielten. In der Nähe des Dorfes, wo wir anhielten, sah die

Sache etwas besser aus, hier waren neue Kartoffelfelder und Grasflächen zu sehen, und zwischen den Felsen weideten kleinwüchsige Rinder. Das Meer ist hier nahe, das ermöglicht das Fischen und die Tangaschebrennerei. In diesem Dorf gibt es einen kleinen, privaten Anleger, der zu einem Laden gehört, wo alles verkauft wird, und kurz nach unserem Eintreffen brachte ein Fischerboot aus Galway neue Waren. Etliche Frauen warteten schon darauf, und bald darauf machten sich mehrere von ihnen mit ihrem mit einem Sack Mehl beladenen Esel auf den Weg ins Inselinnere. Eine von ihnen, eine junge Frau von siebzehn oder achtzehn, mußte mit ihrer Ladung bis weit nach Lettermullan hinein, auf die nächste Insel, und sie benutzte dabei dieselbe Straße wir wir; dann schickte sie einen kleinen Jungen mit dem Esel zurück nach Gorumna und trug den Mehlsack, der mindestens hundert Kilo wog, auf dem Rücken über eine Meile auf einem schmalen Weg nach Hause. Daß junge Mädchen so schwere Lasten tragen, ist oft Ursache für ernsthafte Verletzungen und bringt in ihrem späteren Leben Gefahren und Leiden mit sich. Sie scheinen jedoch von diesen Risiken nichts zu wissen und tragen ihre Lasten fröhlich weiter.

Ein Stück weiter entfernt trafen wir dann auf eine weitere Gruppe von Arbeitsbeschaffungsarbeitern; viele ältere Männer und junge Mädchen waren mit denselben seltsamen Mienen am Werk, die Scham und Erniedrigung zum Ausdruck brachten. Sie machten gerade Feierabend, und als wir nach Gorumna zurückgingen, schloß sich uns ein alter Mann aus der Gruppe an und klagte über seine große Armut und die geringen Löhne, die hier gezahlt wurden. »Ein Shilling am Tag«, sagte er, »bringt ja nicht einmal einem einzigen Menschen Tee und Zucker und Tabak und ein Stück Brot, was nutzt es dann, wenn dieser Mensch eine Familie von fünf oder sechs oder in vielen Fällen noch mehr ernähren muß?« Als wir die Drehbrücke erreichten, über die man auf die Straße nach Gorumna gelangt, segelte vorsichtig ein Fischerboot, auf dem sich viele Männer und Frauen an der Reling drängten, durch den engen, felsigen Kanal. Das Schiff passierte nicht weit von uns einen flachen Felsen in der Nähe der Brücke und blieb dort kurz liegen, während die Frauen an Land sprangen; einige hatten Flaschen bei sich, andere kleine Kinder, alle trugen sie neue rote Unterröcke und Umschlagtücher. Als sie sich auf der Straße drängten, boten sie ein schönes Bild von Bauersfrauen, und sie alle redeten und lachten munter drauflos. Der alte Mann erzählte mir auf Irisch, sie seien auf einem *pattern* gewesen, einer Art semireligiösem Fest, ähnlich den bekannten Festen in der Bretagne, das ein Stück entfernt an der Ostküste der Galway Bay abgehalten worden war. Es tröstete mich zu sehen, daß zumindest einige dieser Inselbewohner auf ihre Weise glücklich und zufrieden sind. Als die Frauen alle an Land gekommen waren, wurde die Drehbrücke geöffnet und das Boot in die Bucht auf der Nordseite der Inseln gestakt. Dann wurde es von den Männern an Bord vertäut, und sie begaben sich alle in eine kleine Schenke, wo sie den Rest des Abends redeten und tranken und sich gegenseitig auf Irisch Geschichten erzählten.

DER FÄHRMANN VON DINISH ISLAND

Auf Wanderungen zwischen den einsamen Inseln im Westen Irlands wie denen der Gorumna-Gruppe trifft man fast immer irgendeinen alten Seemann oder Lotsen, der viel von der Welt gesehen hat, und oft erfährt man von einem solchen Mann mehr über die Insel oder den Hügel, zu denen er in mittleren Jahren oder gegen Ende seines Lebens zurückgekehrt ist. Ein alter Seefahrer, der zufällige Besucher nach und von Dinish Island überholt, ist ein gutes Beispiel dafür. Die Insel wird durch einen tiefen Kanal zwischen zwei Felsenketten von Furnace getrennt, der letzten Insel in der Gruppe, die durch Dämme und Brücken miteinander verbunden ist. Als wir durch die Dünen zu diesem Kanal gingen, tauchte auf der anderen Seite ein wildaussehender alter Mann auf, der uns Zeichen machte und ein schweres Boot vom Ufer abstieß. Noch ehe er die halbe Strecke hinter sich gebracht hatte, rief er uns immer wieder aufgeregt und unzusammenhängend alles mögliche zu und dirigierte uns an eine Felskante, von der aus er uns an Bord nehmen konnte. Gleich darauf stiegen wir in sein Boot und landeten auf einem Haufen Seetang, den er gesammelt hatte, um Seetangasche daraus zu brennen. Dann stakte er über den Kanal und erzählte uns, wie er Seine Königliche Hoheit den Herzog von Edinburgh gesehen hatte und daß er nach einer schlechten Ernte vor einundzwanzig Jahren als Dolmetscher für Auswanderer nach Amerika gegangen war. Als wir die andere Seite erreichten, gingen wir über einen Sandstrand zu einem winzigen Schulhaus am Ufer, und der alte Mann überquerte mit einem reisenden Teehändler und einem jungen Mädchen abermals den Kanal. Während der ganzen Überfahrt konnten wir hören, wie er aus Leibeskräften redete und herumbrüllte, dann war er, nach kurzem Schweigen, wieder auf unserer Seite zu sehen und kam über den Sand auf uns zugerannt. Nachdem er uns ein Weilchen Gesellschaft geleistet und die Aufregung über das plötzliche Auftauchen von zwei Fremden sich gelegt hatte – wie groß die war, zeigten uns die vielen Kinderköpfe, die über die Felsen herüberlugten und uns voller Erstaunen musterten –, sprach er dann klar und schlicht mit uns weiter. Nach den Bemerkungen über die einsame Lage dieses Ortes, wie man sie von allen hier hört, erzählte er uns von der hinter uns gelegenen Schule.

»Ist es nicht ein trauriger Anblick«, fragte er, »wenn eine Schule geschlossen ist und vielleicht zwanzig oder dreißig Schüler wild am Meer herumrennen? Ich fühle mich sehr einsam, seit diese Schule geschlossen worden ist, denn es kam sehr lange eine Lehrerin aus Lettermullan, und die habe ich zusammen mit etwa zehn kleinen Kindern übergesetzt. Und dann hat hier auch eine Zeitlang eine Lehrerin gelebt, und ich brauchte nur die Kinder überzusetzen, aber sie hat jetzt eine bessere Stelle – seit drei Monaten gibt es hier keinen Unterricht mehr.«

Wenn er ruhig war, konnte man sehen, daß er sich im Aussehen und in seiner Art zu reden doch um einiges von der Inselbevölkerung unterschied, und als er eine Pause einlegte, fragte ich ihn, ob er, abgesehen von der Reise nach Amerika, sein ganzes Leben hier verbracht habe.

»Nein, das nicht«, sagte er. »Ich bin weit herumgekommen, obwohl meine Vorfahren und ich schon seit fast zweihundert Jahren ein Sechstel dieser Insel gepachtet haben. Mein Vater war ein Seemann, der durch Zufall hergekommen ist und dann hier heiratete; er lebte hier gemütlich und anständig, mit fünf oder sechs Kühen, bis zu seinem hundertvierten Lebensjahr. Und der Vater meiner Mutter, der vor ihm das Land hier hatte, starb mit hundertacht Jahren, und auch das wäre wohl nicht passiert, wenn er nicht gefallen wäre und sich die Hüfte gebrochen hätte. Damals lebten hier starke, redliche Leute, und ich ging zur Schule – mein Vater setzte mich auf die anderen Inseln über –, bis ich zwanzig Jahre alt war; dann ging ich nach Amerika und wurde Seemann, und ich war in New York und in Baltimore und in New Orleans, danach fuhr ich die Küsten ab, bis ich jeden Hafen und jede Stadt in diesem Land, in Schottland und Wales kannte.«

Einer von uns fragte ihn, ob er bis zu seiner Rückkehr auf die Insel zur See gefahren sei.

»Das nicht«, antwortete er, »ich bin einmal in Südwales an Land gegangen, und ich kann Ihnen sagen, Wales ist ganz schön langgezogen, denn ich habe einen ganzen Sommertag gebraucht, um von diesem Ort aus nach Birkenhead zu kommen. Und dann war ich in Manchester und in Newcastle-upon-Tyne, dort habe ich zwei Jahre gearbeitet. Es ist ein reiches Land, meine Herren, und wenn am Samstag der Zahlmeister kam, dann bog sich das Brett, das er über der Schulter trug, unter dem Gewicht der vielen Sovereigns, die er für die Männer mitgebracht hatte. Und es ist wirklich seltsam, wenn ich jetzt an diese Zeiten zurückdenke, wo ich nun schon fast zwanzig Jahre wieder auf diesem Stück Felsen lebe, das kein Hund ansehen würde, wo die Schweine sterben und die Kartoffeln und wo sogar die Richter und die feinen Leute unsere Pacht senken, wenn sie sehen, wie der wilde Atlantik zwischen den vielen verdammten Steinen schäumt.«

»Und was hat Sie wieder hergebracht«, fragte ich, »wenn es Ihnen draußen in der Welt so gut ging?«

»Meine beiden Brüder sind nach Amerika gegangen«, sagte er, »ich mußte zurückkommen, weil ich der Älteste war, und dann habe ich geheiratet, nachdem ich bis vierzig durchgehalten hatte. Ich habe jetzt eine junge Familie, denn eine Zeitlang war ich recht wohlhabend; aber dann kamen schlechte Zeiten, ich verlor meine Frau, die Kartoffeln verfaulten, und meine drei Kühe bekamen eines Nachts irgendeine Gehirnkrankheit, und sie gingen ins Wasser und ertranken. Am Morgen habe ich ihre Leichen zurückgeholt und sie zu einem Herrn gebracht, der sich mit Tierkrankheiten auskennt, aber er hat mir nichts dafür gegeben. Und hier sitze ich nun, ohne Schweine und ohne Kühe und mit einer jungen Familie ohne eine Mutter, die sich um sie kümmert; was soll man denn mit Kindern machen, die nichts wissen, die oft für einen Tag soviel in den Topf tun, daß es für drei Tage reichen würde, und die das Schrotmehl vergeuden, aber man kann nicht mit ihnen schimpfen, weil sie doch jung und unwissend sind! Wenn ich die Kinder nicht hätte, würde ich noch heute abend losziehen, und ich könnte auf See sehr gut meinen Lebensunterhalt verdienen, schließlich bin ich erst siebenundfünfzig und sehr gesund; aber wie könnte ich meine kleinen Kinder verlassen? Wenn ich nur wüßte, wie ich an einem Ort weiterleben soll, den der Herr, glaube ich, ganz zum Schluß geschaffen hat; und oft, wenn ich mich hinsetze und mich umsehe, muß ich einfach fluchen und schimpfen, und ich frage mich, wie arme Leute überhaupt noch an ihrer Religion festhalten können.«

Dann sagte er für eine Weile gar nichts, und wir konnten in seinen Augen Tränen sehen. Ich fragte ihn, wovon er denn jetzt lebe.

»Ich kann im Laden Schrotmehl und Mehl anschreiben lassen«, sagte er, »wenn ich im Sommer eine Tonne Seetangasche brenne, kann ich alles bezahlen. Zwei Monate habe ich für einen Shilling pro Tag bei der Arbeitsbeschaffung gearbeitet, aber was hilft das schon bei einer ganzen Familie? Deshalb habe ich damit aufgehört und sammle jetzt Tang für ein oder vielleicht sogar zwei Tonnen Seetangasche. Als ich bei der Arbeitsbeschaffung aufgehört habe, habe ich meinen Sohn dorthin geschickt, aber der Vorarbeiter wollte ihn nicht; dann habe ich ihn wieder hingeschickt, aber der Vorarbeiter wollte ihn wieder nicht. Dann habe ich ein Tintenfaß und eine Feder und ein Stück Papier gekauft, um einen Brief zu schreiben und mich zu beschweren, aber ich habe den Brief bis jetzt nicht geschrieben, denn was bringt es schon, dem Vorarbeiter eins auszuwischen? Außerdem habe ich eine Tochter in Amerika, sie ist erst seit neun Monaten dort, aber sie hat mir schon drei Pfund geschickt. Ich habe noch eine Tochter, die oben bei ihrer verheirateten

Schwester wohnt, sie wird im Herbst hinübergehen, und dann habe ich noch eine kleine, die gehen wird, wenn sie groß genug ist. Ein Mann oben hat vier Töchter in Amerika, und in jedem Vierteljahr kriegt er von jeder ein Pfund, für einen armen Mann ist das großartig! Wir werden noch alle nach Amerika gehen, es ist schrecklich, daß ich vielleicht noch zehn Jahre hierbleiben muß, mich um die Kinder kümmern und versuchen muß, sie am Leben zu erhalten, wo ich doch in Amerika ein anständiges Leben führen und mein Brot verdienen könnte.«

Danach führte er uns an den höchsten Punkt der Insel und zeigte uns die schöne Aussicht auf die ganze Inselgruppe und den Atlantik, mit einigen Fischerbooten in der Ferne und vielen großen Booten in unserer Nähe, die schwer mit Seetang beladen waren und tief im Wasser lagen. Als wir wieder in die Fähre stiegen, war der Kanal zu tief zum Staken geworden, und der alte Mann benutzte ein Paar lange Ruder.

»Ich fahre allein mit diesem Boot über die Bucht zum Nordufer«, sagte er dabei, »das schafft hier kein anderer, aber ich bin schon seit zwanzig Jahren zugelassener Lotse und ein alter Seefahrer.«

Als wir uns endgültig von ihm verabschiedeten, rief er uns hinterher:

»Es war ein großer Trost für mich, meine Herren, daß ich mich mit Ihresgleichen unterhalten konnte, denn hier bekommen wir nur wenige Leute zu sehen, möge Gott Sie segnen und belohnen und Sie sicher nach Hause kommen lassen.«

DIE SEETANGASCHEBRENNEREI

Einige der Menschen, die sich mit der Reform der zu dicht besiedelten Gebiete befassen, haben die unglückliche Neigung unter Beweis gestellt, sich nur um wenige anerkannte Erwerbszweige zu kümmern, wie Pferdezucht und Fischerei oder sogar Imkerei, während sie lokale Gewerbe vernachlässigen, die seit Jahren mit Erfolg ausgeübt worden sind. Deshalb ist in einem umfangreichen Band, den vor einigen Jahren das Ministerium für Landwirtschaft veröffentlicht hat, kaum ein Wort über die Seetangindustrie zu finden, obwohl sie für die Einwohner eines sehr großen Landstriches von größter Wichtigkeit ist. Die Behörde für zu dicht besiedelte Gebiete scheint diese Industrie ebenfalls zu ignorieren, zumindest ist in der Gegend von Galway offenbar nichts unternommen worden, um den Leuten für ihre Seetangasche gute Absatzmöglichkeiten zu bieten oder um das derzeitig unbefriedigende System, nach dem die Seetangasche bewertet und bezahlt wird, zu verbessern. An einigen Orten kauft ein einzelner Mann alles auf, und dann kann er nach Belieben die Preise kontrollieren, während wir von allen Seiten hören, daß gute Seetangasche willkürlich abgelehnt wird, dagegen für schlechte Ware hohe Summen gezahlt werden. Unter solchen Verhältnissen ist die Entscheidung dieses einzelnen unwiderruflich, und ich habe schon alte Männer den Tränen nahe gesehen, die auf einer Tonne Seetangasche sitzenblieben, auf Wochen harter Arbeit nur wegen irgendeiner Laune oder der Mißgunst eines Käufers.

Das Dorf Trawbaun, das gegenüber der Aran-Inseln an der Küste liegt, ist ein gutes Beispiel für diese Art von Seetangindustrie. Wir gelangten zu diesem Dorf über eine schmale Straße, die sich jetzt in Händen der Arbeitsbeschaffung befindet, und passierten dabei die übliche melancholische Reihe alter Männer beim Steinbrechen und junger Männer, die Säcke voller Erde und Grassoden schleppten. Bald darauf fiel die Straße zum Wasser hin steil ab, und wir kamen durch ein Dorf aus vielen aneinander gedrängten Häusern, deren Steinmauern niemals getüncht worden waren, was in besonders armen Gegenden oft der Fall ist. Danach ging es durch mindestens einen Hektar Dünenlandschaft, bis wir eine Reihe von Felsen, die eine enge, sandige Bucht säumten, erreichten. An der ganzen Küste konnten wir kurz oberhalb der Hochwassermarkierung hohe rötliche Stapel von getrocknetem Seetang sehen, einige befanden sich wohl schon wochenlang hier, andere waren noch nicht fertig aufgeschichtet, noch andere gerade erst angefangen. Überall waren Männer und Frauen und Knaben an der Arbeit, sie sammelten frischen Seetang und breiteten ihn auf den Felsen zum Trocknen aus. In einigen Gegenden wird der Tang nur am Ufer gesammelt; hier jedoch kratzen, zumindest im Frühsommer, Männer von einem Boot oder *currach* aus mit einer langen Stange, an der oben ein kurzer Querbalken angenagelt ist, der dann im Tang hängenbleibt, den Tang unter den Felsen hervor. Bei unserem Eintreffen kam gerade ein von zwei Jungen leicht beladener *currach* über eine flache Sandbank in die erwähnte Bucht, und beide sprangen immer wieder ins Wasser, um ihr Kanu von hinten anzuschieben. Mehrere barfüßige Mädchen, die fröhliche gälische Lieder trällerten, liefen mit schweren Ladungen von Tang auf dem Rücken über den Sand hin und her. Weiter draußen näherten sich langsam viele weitere *currachs*, die auf die Flut warteten; und einige alte Männer am Ufer riefen ihren Besatzungen in der hohen Tonart, die so bemerkenswert am Irisch von Connacht ist, zu, wie sie navigieren sollten. Dieser ganze Anblick mit dem frischen Geruch des Meeres und den leichten blauen Wellen bildete einen seltsamen Kontrast zu dem tristen Anblick der Arbeitsbeschaffungsarbeiter, an denen wir eben vorbeigekommen waren, denn die Tangsammler wirkten so unbeschwert wie eine Gruppe von Schuljungen.

Als nächstes erreichten wir eine felsige Landzunge, wo einige Männer den Seetang zu Asche verbrannten, ein Prozeß, der in dieser Gegend an die zwölf Stunden dauert. Als wir uns näherten, stiegen aus einem langen Haufen Seetang Wolken aus fettem, hellem Rauch auf. In der Mitte des Haufens sahen wir hier und dort eine geschmolzene Masse, die bei intensiver Hitze vor sich hinbrannte. Zwei Männer und etliche Knaben kümmerten sich um das Feuer und legten bei Bedarf frischen Seetang nach. Etwas abseits schlief, in einen Männermantel gewickelt, ein Baby neben einem Packkorb, denn bei solchen Gelegenheiten wird das Haus zumeist abgeschlossen, und die ganze Familie trennt sich, um Arbeiten verschiedenster Art zu verrichten. Die für eine Tonne Asche benötigte Menge Seetang variiert, wie mir gesagt wurde, zwischen drei und fünf Tonnen. Wenn die Männer einer Familie sich an einem Tag mit gutem Wetter große Mühe geben, können sie eine Tonne frischen Tang erbeuten, und die Asche wird zu Preisen zwischen drei Pfund fünfzehn Shillingen und etwas unter fünf Pfund pro Tonne verkauft. Daran sehen wir, wie wichtig dieses Gewerbe ist. Wenn aller Seetang verbrannt ist, wird alles zugedeckt und bleibt drei oder vier Tage zum Abkühlen liegen; dann wird die Asche eingesammelt und per Boot oder *currach* zum Käufer gebracht. Der nimmt eine Handvoll, testet sie mit bestimmten Chemikalien und setzt entsprechend den Preis fest; die Leute selber können nicht feststellen, ob sie dabei anständig behandelt werden, und obwohl viele Käufer sorgfältig und gewissenhaft vorgehen, herrscht doch allgemein unter den Leuten ein Gefühl der Unzufriedenheit vor. Wenn die Seetangasche dann verkauft ist, wird sie in Schoner verladen und, soviel ich weiß, vor allem nach Schottland gebracht, wo sie zur Herstellung von Jod verwendet wird.

Wir hören oft Klagen über die Trägheit der Einheimischen in Connemara; aber im Moment sehen wir große Gruppen von Menschen, die bis zum Einbruch der Dunkelheit ihren Tang ausbreiten und trocknen, und die Buchten, in denen Tang zu finden ist, wimmeln um vier oder fünf Uhr morgens bei Ebbe nur so von Booten. Die Aussichten auf eine gute Seetangsaison hängen bis zu einem gewissen Grad davon ab, ob die Wetterverhältnisse das Trocknen und Verbrennen des Tangs zulassen; im Ganzen jedoch ist dieses Gewerbe wohl weniger risikobeladen als die Fischerei oder jede andere Einkommensquelle, die den Bewohnern der zu dicht besiedelten Gebiete derzeit offensteht. In diesem Jahr ist das besonders wichtig, weil die Läden in den letzten Monaten die Menschen mehr oder weniger dadurch am Leben erhalten haben, daß sie ihnen, mit dem Ertrag der Seetangasche als Sicherheit, Schrotmehl und Mehl auf Borg gegeben haben. Ein einziger Laden hat, wie ich gehört habe, in den letzten vierzehn Tagen vierzehn Tonnen Mehl hergegeben – und wenn die Seetangasche nicht gut wird oder wenn die Preise niedriger liegen als erwartet, dann werden ganze Gegenden die schlimmsten Probleme haben.

Es ist ein bemerkenswerter Charakterzug des Finanzwesens dieser Gegend, daß die Leute zwar sehr arm sind, daß sie aber doch an den Umgang mit beträchtlichen Beträgen gewöhnt sind. Vier oder fünf gutverkaufte Tonnen Seetangasche können einer Familie zwischen dreißig und vierzig Pfund einbringen, und ihre Mehlrechnungen (Mehl wird in Säcken von zwei Zentnern gekauft, und ein Sack kostet um einiges mehr als ein Pfund) sind zweifellos ebenfalls hoch. Dasselbe gilt für die Schweinezucht, die Fischerei und die anderen Gewerbe der Gegend, und vermutlich liegt in diesem vertrauten Umgang mit beträchtlichen Summen mindestens teilweise ein Grund für das Gefühl der Erniedrigung, das wir bei den Menschen antreffen, die für den elenden Bettel von einem Shilling pro Tag am Straßenrand arbeiten müssen.

DIE HÄUSER DER ERNTEARBEITER

Die Umgebung von Belmullet in Nord Mayo – ein weiterer extrem armer Bezirk – sieht auffallend anders aus als Connemara. In Mayo ersetzen Torf und Moore die Steinwüsten, die die Küste von Galway so prägen. Deshalb werden Torfsoden auch für alle möglichen Arbeiten benutzt – zum Bauen von Mauern und Gräben und sogar für Hüttendächer –, während in der Gegend, die wir gerade verlassen haben, überall Granit- oder Kalksteinstücke herumliegen. Zwischen zwei Feldern sieht man immer eine dünne Torffläche, die manchmal von Wind und Wetter fast zersetzt worden ist, während auf anderen Gras und üppig blühender Farn wachsen. In Belmullet regnet es viel, bei nassem Wetter vermittelt uns dieses Fehlen von Steinen ein fast unerträgliches Gefühl von Feuchtigkeit und Unbehagen.

Die letzten vierzig Meilen der Reise nach Belmullet legten wir mit der langen Kutsche zurück, die Ballina um vier Uhr morgens verläßt. Es regnete heftig, als wir losfuhren, und die ganze Stadt schlief noch; aber während der ersten Stunde begegneten uns viele Erntearbeiter mit Sensen und kleinen Bündeln aus roten Tüchern, die raschen Schrittes auf Ballina zuhielten, um von dort aus nach Liverpool oder Glasgow zu fahren. Dann passierten wir Crossmolina, und bald hatten wir die Moore erreicht, wo man eine Meile nach der anderen zurücklegen kann, ohne etwas anderes zu sehen als hier und da ein einsam und weit vom nächsten Nachbarn entfernt gelegenes Haus. Die Reise von Connemara hierher hatte die ganze

Nacht in Anspruch genommen, und immer wieder nickten wir ein und gerieten in eine Art Traum, um dann aufzufahren, wenn die Kutsche gefährlich ins Schlingern geriet, und wieder dieses triste Ödland zu sehen, wo einige tropfnasse Kühe in der Nähe der Straße herumstanden oder plötzlich ein Stück eines Sees aufleuchtete. Nach etwa vierzehn Meilen wechselten wir in einem aus drei Häusern bestehendem Weiler die Pferde. Ein zahnloser alter Mann brachte die frischen Pferde und schirrte sie wie im Halbschlaf langsam an. Dann fuhren wir weiter und hielten ab und zu bei einer Art Postamt, wo zumeist eine Frau oder ein Junge die Postsäcke entgegennahmen. In Bangor Erris stiegen vier weitere Fahrgäste zu, und da die Straßen vom Regen aufgeweicht waren, fielen die Pferde in einen langsamen Trab, so daß wir fast die Hoffnung aufgaben, je unser Ziel zu erreichen. Die Leute der Gegend machten gerade auf ihren kleinen Feldern Kartoffeln aus oder stachen im Moor Torf, und ihre verschlissene, farblose Kleidung, so ganz anders als die groben Wollstoffe Connemaras, steigerte unser Gefühl des Elends, das uns der Anblick der öden Moore und dieser erbärmlichen Hütten, bei denen oft ein alter Packkorb oder ein Stück Rohr als Schornsteine dienen, auf unbeschreibliche Weise.

Belmullet selber liegt überraschenderweise auf einer Landenge, die Broad Haven von der Blacksod Bay trennt und die erst seit kurzem von einem Kanal durchzogen wird. Hinter dieser Landenge befindet sich eine an die vierzehn Meilen in Nordsüd-Richtung lange Halbinsel, die die beiden Buchten vom Atlantik trennt. Als wir am später Nachmittag über die Landzunge wanderten, setzte der Regen wieder ein, und wir suchten unter einem Hüttendach Schutz. Bald darauf kam ein Mädchen aus der Hütte und holte uns ins Haus. Zuerst konnten wir fast nichts sehen, da der Regen draußen auch das kleine Fenster und die Tür der Hütte verdunkelte. Wir gewöhnten uns aber recht schnell an die Dunkelheit, und nun erschien uns das Licht als ausreichend. Die Frau des Hauses saß uns gegenüber neben dem Feuer, sie hatte zwei Kinder neben sich, und hinter ihnen stand ein großes, hölzernes Bett mit einer Art rotem Himmel und roten Vorhängen. Dann gab es noch die Tür, ein Spinnrad, und gegenüber dem Feuer einige Boxen für Vieh und einen Schweinekoben, bewohnt von einer alten Zuchtsau und einem nur wenige Wochen alten Ferkel. Neben dem Kamin führte eine schmale Tür in ein weiteres Zimmer, obwohl es in vielen derartigen Hütten nur einen Raum gibt. Wir sprachen wie immer über die Armut der Menschen, die an Orten wie diesem noch schlimmer ist als anderswo, weil sie ein Stück weit vom Meer entfernt liegen und deshalb Fischerei oder Seetangwirtschaft keine Hilfe bieten können.

»Dieses ganze Land hier«, sagte die Frau, die am Feuer saß, »ist leeres Moor«, das heißt Moor, wo der Torf schon gestochen ist. »Der Boden ist unbrauchbar, solange er nicht mit allerlei Dünger und anderen Dingen vermischt wird. Wenn Sie hinter dem Haus ein Stück weitergingen, dann würden Sie sehen, daß unten nur noch Steine übrig sind, und wir würden große Mengen Sand und Seetang und Dung brauchen, um den Boden so sanft und mild zu machen, daß darin irgend etwas wachsen kann. Die reichen Bauern haben alles gute Land an sich gerissen, für Leute wie uns sind nur Steine und Moor übrig.«

Die Sau schnarchte in der Ecke, und ich sagte nach einem Moment, daß sie wohl mit den Schweinen das meiste Geld verdienten.

»In schlechten Jahren«, antwortete die Frau, »wie dem vergangenen Jahr, wenn die Kartoffeln faulen und die Ernte ausfällt, sind unsere Schweine auch keine Hilfe, wir können sie ja nicht füttern. Im letzten Jahr hatten wir einen Wurf Ferkel von dieser Sau, aber die haben uns nichts eingebracht, niemand wollte sie kaufen, weil alle Angst hatten, sie könnten ihnen wegsterben.«

Jemand von uns erwähnte die Arbeitsbeschaffungsmaßnahmen, die wir in Connemara gesehen hatten.

»Das gibt es hier auch«, sagte sie, »ein Sohn von mir ist jetzt dabei, er nimmt ein kleines Pferd mit, und deshalb kann er in drei oder vier Tagen einen ganzen Wochenlohn verdienen, dann hat er noch immer ein wenig Zeit für die Arbeit hier auf unserem Land.«

Ich fragte sie, ob sie viel Vieh habe.

»Nein, das nicht«, sagte sie. »Ich hätte auch keine Weide dafür. Einige Leute lassen ein paar Jährlinge auf dem Gras weiden, das Sie da unten kurz vor dem Sund sehen, aber woher sollte ich das Geld nehmen, um eins zu kaufen oder die ein Pfund achtzig oder so bezahlen, die es kostet, einen Jährling auf dem Gras zu haben? Vor einiger Zeit«, fügte sie hinzu, »ging es uns nicht so schlecht wie jetzt, denn ich hatte noch einen Sohn, der zur Ernte nach Schottland ging und uns pro Monat vielleicht ein oder zwei Pfund schicken konnte und der dann im Spätherbst noch fünf oder sechs oder mehr mit nach Hause brachte; aber der hat sich verletzt und nie wieder richtig erholt, und die anderen Kinder sind einfach noch nicht alt genug.«

Ein Mädchen hatte Wolle zum Spinnen gekämmt, und ich erkundigte mich bei ihr nach Spinnerei und Weberei.

»Die meisten Frauen spinnen ihre Wolle selber«, war die Antwort, »und die Weberin webt sie nachher für drei Pence pro Meter, wenn es einfach gewebt sein soll, bei Doppelgewebe, wie wir es für die Männerkleidung brauchen, kostet es sechs Pence. Die Frauen in der Gegend hier haben wenig Zeit zum Spinnen, aber die Frauen in den Bergen färben ihre Wolle so schön, daß man die Augen gar nicht davon abwenden möchte. Sie nehmen Steinfarbe und ein bißchen roten Krapp und ein bißchen Karmesinrot, und dann wieder Steinfarbe, Sie können mir glauben, es wird so schön, daß man die Augen gar nicht mehr davon abwenden möchte.«

Es regnete jetzt nicht mehr, und wir wanderten weiter bis zum Meer, wo etwas vom Ufer entfernt ein Seehund tauchte; alle paar Sekunden hob er den Kopf aus dem Wasser und betrachtete uns mit einem merkwürdig menschlichen Gesichtsausdruck. Danach gingen wir auf eine Mole im Norden der Stadt, wo gerade das Boot aus Sligo eingetroffen war. Einer der Männer erzählte uns, daß sie am nächsten Morgen mehr als hundert Erntearbeiter nach Sligo bringen würden, die dann dort die Fähre nach Glasgow nehmen wollten, und daß während der nächsten Woche noch viele andere folgen würden.

Diese Wanderarbeit hat viele unbefriedigende Aspekte; aber bei dem derzeitigen Zustand des Landes kann sie vielleicht die Sehnsucht nach Amerika zurückdrängen, die Menschen überkommt, die das ganze Jahr auf einem elenden Stück Land verbringen müssen.